U0600997

教育研究的
定量、定性和混合方法

张　红　编著

黑龙江大学出版社
HEILONGJIANG UNIVERSITY PRESS
哈尔滨

图书在版编目（CIP）数据

教育研究的定量、定性和混合方法 / 张红编著. -- 哈尔滨 : 黑龙江大学出版社, 2023.6（2025.4 重印）
ISBN 978-7-5686-0941-8

Ⅰ. ①教… Ⅱ. ①张… Ⅲ. ①教育研究-研究方法 Ⅳ. ① G40-03

中国国家版本馆 CIP 数据核字 (2023) 第 038333 号

教育研究的定量、定性和混合方法
JIAOYU YANJIU DE DINGLIANG、DINGXING HE HUNHE FANGFA
张　红　编著

责任编辑　于海燕
出版发行　黑龙江大学出版社
地　　址　哈尔滨市南岗区学府三道街 36 号
印　　刷　三河市金兆印刷装订有限公司
开　　本　720 毫米 ×1000 毫米　1/16
印　　张　13.5
字　　数　230 千
版　　次　2023 年 6 月第 1 版
印　　次　2025 年 4 月第 2 次印刷
书　　号　ISBN 978-7-5686-0941-8
定　　价　64.80 元

本书如有印装错误请与本社联系更换，联系电话：0451-86608666。

版权所有　侵权必究

前　言

定量研究、定性研究和混合研究是教育研究方法的三种基本范式。本书力求结合教育研究方法的最新学术成果,立足于消解工具理性和价值理性的偏执,以教育研究的一般过程为基本线索安排各章节之间的逻辑顺序,并紧紧围绕教育研究的三种基本研究范式对各章内容进行论述。

全书共分为八章:第一章主要介绍教育研究的一般原理,第二章主要阐述了如何进行教育研究选题和设计,第三章至第五章主要论述了教育研究中的三种不同研究范式的基本原理和实施步骤,第六章主要介绍了三种研究范式中收集数据和资料时所运用的技术,第七章分别阐明了如何对三种不同研究资料进行整理分析,第八章重点介绍了三种不同研究范式的研究报告的撰写方式和规范要求。

本书的创新点主要体现为两点:

第一,研究视角的创新。与其他同类著述不同的是,本书没有将各种研究方法不加以组织地分别进行介绍,而是依据当前学界的最新研究成果,将已有的主要研究方法分别划分到三种研究范式中,按照三种研究范式的基本原理和实施步骤进行介绍,使研究内容在逻辑上更加清晰,突破了已有同类著作的内容和结构窠臼。

第二,研究内容的创新。本书在阐述教育研究方法的相关基本原理和实施步骤时,引入一些学者的学术论文作为示例,以使读者对各种研究方法的基本原理和实施步骤有更深刻的理解和认识。

同时,在内容的呈现上,在每章开始的部分都引入了层次结构图,以使读者对各章的内容形成结构化的知识体系。

在本书编写过程中,得到了多方面的支持。其中王赫煊参与了第三章、第四章和第六章部分内容的撰写,在此一并致以衷心的感谢。

目　录

第一章　教育研究的一般原理

内容提要

要进行教育研究,首先必须了解与教育研究有关的一般原理的基本信息。本章分两个部分对教育研究的一般原理进行阐述:第一部分主要介绍了教育研究的内涵、类型、一般过程和伦理等内容;第二部分主要从研究要素的视角介绍教育研究的三种不同范式。

层次结构图

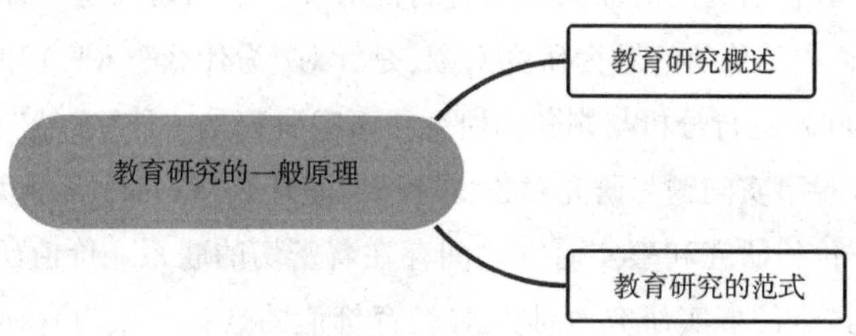

学习指导

1. 识记教育研究方法的基本类型和一般过程。
2. 理解教育研究的信度和效度问题。
3. 运用教育研究的三种范式理论,分析教育研究文献的所属研究范式。
4. 查找若干篇教育文献,并评价这些研究是否遵循了教育研究的伦理。

第一节　教育研究概述

一、教育研究的内涵

教育研究是采用一定的方法和技术对教育现象进行分析和解释,以获得教育科学知识、解决教育实际问题和探索教育规律为目的的认识活动。

教育研究方法是教育研究者以教育现象为研究对象,为实现获得教育科学知识和建构教育科学理论而在教育研究过程中采用的手段、步骤和途径等。

二、教育研究的类型

根据不同的分类标准,教育研究可划分为不同类型。

1. 价值研究与事实研究

这是根据教育研究的对象与任务进行的分类。**价值研究**是一种“应然”研究,主要以教育中的价值问题为研究对象,是针对“为什么”(why)和“如何做”(how)等价值问题进行分析与判断的研究。**事实研究**是一种“实然”研究,主要以教育中的客观事实问题为研究对象,是针对“是什么”(what)等事实问题进行揭示的研究。价值研究和事实研究之间存在着密切的联系。价值研究离不开对教育事实的分析,事实研究也涉及对教育价值的选择。在教育研究中谈论“应然”与“实然”的差异,只是在理想和现实的意义上具有合理性。实际上,在教育研究中不存在超价值的事实研究。

2. 基础研究与应用研究

这是根据教育研究的目的不同进行的分类。**基础研究**是指通过识别某一情境中的所有变量,发现其一般特征和原理,并提出某种教育理论或模型的研究。其主要目的在于发展和完善教育理论。**应用研究**是运用教育理论解决具体教育实践问题的研究。其主要目的在于检验和评价教育理论在解决教育实际问题中的作用。基础研究与应用研究之间存在着紧密的关系。基础研究的

成果可以为应用研究提供分析和解决实际问题的理论支撑。应用研究的成果也有助于为基础研究提供实践的途径和检验的标准。

三、教育研究的一般过程

1. 选题与设计阶段

在选题和设计阶段,教育研究者主要开展以下几个方面的工作:第一,选择课题。选择课题就是确定对什么教育问题开展研究的过程。选题是教育科学研究的起点和至关重要的一步。它决定了整个教育研究的方向和水平,在教育研究过程中具有重要的战略地位。第二,查阅文献。文献检索可以使教育研究者明确研究课题和研究方向,掌握研究课题的背景,避免重复劳动,提高研究效率。第三,提出假设。在查阅文献的基础上,教育研究者还需要依据一定的理论或实施提出有关所要研究问题的基本研究假设。第四,制定方案。制定方案阶段首先要确定教育研究的对象,明确教育研究对象的总体和抽样分析单位,并选择抽样方法;其次要选择恰当的研究方法和手段;最后还要制订教育研究计划。

2. 实施阶段

在实施阶段,教育研究者主要进行两方面的工作:第一,收集资料,形成科学事实。在教育研究课题确定之后,就必须围绕课题广泛地收集资料,从而全面掌握国内外相关研究动态。第二,分析事实或者原有理论,形成新理论。在全面地收集资料的基础上,研究者还要通过批判性地阅读和分析,了解国内外已有的研究重点、分歧、成果、不足等,从而找准自己研究的突破点和创新点,形成新的理论。

3. 总结与评价阶段

在总结与评价阶段,教育研究者主要致力于两方面的工作:第一,撰写研究报告或学术论文。研究者在开展一项教育研究的最后阶段,需要对整个研究过程及研究结果进行描述、分析和解释,并按照一定的学术规范和格式要求,以研究报告或学术论文的形式对研究成果进行表述。第二,鉴定和评价研究成果。鉴定和评价研究成果是使社会接受并传播这些成果的重要途径,是沟通和反馈研究信息的重要渠道,同时也有利于确立教育研究的基本要求和规范。对教育研究成果的评价可以按照学术价值和社会价值两个标准进行,评价的方法可以分为定量评价、定性评价以及混合评价三种方式。

四、教育研究的伦理

伦理是个人与社会、个人与个人之间交往过程中应遵循的道德行为准则。因为教育研究的对象不仅涉及“物”,还涉及“人”。教育研究者在收集信息时,可能会侵犯研究对象的隐私权,并对他们的生活产生一些负面影响,对他们的生理或心理造成潜在伤害。因此,教育研究不仅要注重科学性,也要注重伦理性。当教育研究的科学性与伦理性产生矛盾时,研究者应当放弃违背伦理的研究,或采用其他符合伦理要求的方式进行研究。为此,研究者在教育研究中必须恪守伦理规范的要求。

1. 评估研究的伦理可接受性

对教育研究伦理可接受性的评估主要包括以下几个方面:第一,教育研究设计的各方面是否对研究对象的权益有直接或间接的伤害。第二,这些损害对研究对象的身心健康与生活幸福的不利影响可能达到何种程度,能否在短时间内予以消除。第三,教育研究目的与研究结果的用途是否只限于增进人类幸福,而非反对某个人或某些人。第四,在教育研究设计中,是否已经为保护研究对象采取了特别的措施。

2. 认识并尊重研究对象的权利

教育研究对研究对象权利的认识和尊重主要包括以下几方面内容:第一,尊重研究对象的研究意愿。研究对象有权决定自己是否参加某项教育研究,也有权拒绝对某些或全部问题做出回答,同时也有随时退出研究的自由。研究者必须尊重研究对象的主观意愿。第二,尊重研究对象的知情权。研究对象有权了解研究目的、方法、内容、结果、用途,以及他们与研究的关系和参与研究需要付出的时间和努力、可能要承担的压力等相关信息。只有在研究者向研究对象提供这些信息后,研究对象仍然愿意参与研究,才可以说研究对象知情并同意。为此,研究者必须获得研究对象签字认可的知情同意书,才能开展研究。第三,尊重研究对象的隐私权。研究对象有权决定与个人有关的资料是否以某种形式公布。年龄未满 18 周岁的未成年人研究对象的隐私权由其监护人代理,对

研究对象个人相关资料的公布,须征得研究对象及其监护人的同意。

3. 承担对研究对象的义务

研究者对研究对象应承担的义务因研究阶段的不同而有一定差异。首先,在研究实施之前,研究者应对研究对象说明其在研究过程中享有的各项权利,并在实施过程中为研究对象实现各项权利提供方便。同时,研究者在确定研究对象后,应根据研究对象的身心特点,判断其在研究中受到伤害的可能性及危害程度,进而采取防范措施,甚至取消对该对象的研究。其次,在研究实施过程中,研究者应对研究对象的状态进行监控,并根据需要调整研究进度,或者采取措施对研究对象进行保护,或者终止研究。最后,在研究结束之后,研究者应当通过观察、询问等方式了解研究对象是否在研究过程中感到不适,如感到不安、焦躁或疲劳等。对于研究对象因研究活动而受到的任何不良影响,研究者必须负责采取措施,尽量在短时间内予以消除。同时,对研究对象的个人资料保密,只公布被研究群体的总体资料。此外,研究者要审慎解释研究成果。研究者在获得研究成果后,不仅应该对公众做出合理的解释,还应该对研究对象做出解释,以免其产生误解。

以下是一份知情同意书的模板。研究者在知情同意书中向研究对象说明研究的背景、目的、内容和研究对象的基本权利等信息。

表 1-1 教育研究的知情同意书模板

尊敬的×××： 我们邀请您参加“……”课题研究。本研究将在……开展,预计将有……名被试者参加。本研究已经得到……伦理委员会的审查,并获得批准。 为什么要开展本研究?(简介研究背景和目的) 如果参加本研究,您需要做什么?(简介需要被试者配合参与的活动或内容) 如果您为……,不适合本次研究。(哪些人不宜参加本研究) 参与本研究有哪些可能的风险?(根据不同的研究设计,向被试者具体说明参与该项研究可能面临的风险或负面影响) 参与本研究有哪些益处?(向被试者具体说明参加该研究可能获得的好处)

续表

个人信息是保密的吗?(向被试者说明其所提供的个人信息将在法律允许的范围内得到保护和妥善管理,并仅供研究者分析研究使用,公开的研究报告也不会透露个人隐私) 我必须参加研究吗?(参与本研究是以自愿为原则,您有权拒绝参加研究或在研究过程中随时退出) 被试者声明:我已经阅读了上述关于本研究的介绍,对参加本研究可能产生的风险和受益充分了解。我自愿参加本研究。 我同意□或拒绝□除本研究以外的其他研究使用我的个人资料和信息。 被试者签名: 日期: 年 月 日 被试者联系方式: 研究者声明:我确认已向被试者解释了本研究的详细情况,特别是参与本研究的风险和受益。 研究者签名: 日期: 年 月 日 研究者联系方式:

第二节 教育研究的范式

研究范式是一个研究共同体所共享的由一系列公认的假设、理论、准则、技术、方法等构成的理论体系和实践规范。教育研究的三大主要研究范式是定量研究、定性研究和混合研究。定量研究已被教育研究者运用多年,定性研究在最近三四十年内才初步形成,混合研究提出最晚,正在不断发展完善中。三大研究范式在教育研究中都具有其独特的价值。本节将从教育研究的构成要素出发,对三种不同的研究范式进行介绍。主要包括:知识观、研究策略和研究方法。

知识观主要探讨的问题包括:什么是知识(本体论)、如何认识知识(认识

论）、知识有何价值（价值论）、研究知识的程序步骤（方法论）、如何表述知识（修辞学）等。知识观主要有四大流派：后实证主义、建构主义、辩护或参与主义、实用主义（见表1-2）。①

表1-2　知识观及基本观点

后实证主义	建构主义	辩护或参与主义	实用主义
决定论 简化论 经验观察和测量 理论检验	理解 多重参与意义 社会的、历史的结构 理论创建	政治 权力适应性 合作 变化—适应性	行为效用 问题中心 多元论 指向真实世界的实践

研究策略主要为研究设计的步骤提供具体方向。随着计算机技术在分析和处理数据方面的能力不断增强，新的研究策略层出不穷（见表1-3）。②

表1-3　不同研究范式常用的研究策略

定量研究	定性研究	混合研究
实验设计 非实验设计	叙事研究 现象学 民族志研究 扎根理论 个案研究	顺序法 并行法 转换法

研究方法主要是研究者收集和分析资料的具体方法。研究范式不同，研究方法也存在差异（见表1-4）。③

① 约翰·W.克雷斯威尔：《研究设计与写作指导：定性、定量与混合研究的路径》，崔延强主译，重庆大学出版社2007年版，第4~5页。

② 约翰·W.克雷斯威尔：《研究设计与写作指导：定性、定量与混合研究的路径》，崔延强主译，重庆大学出版社2007年版，第10页。

③ 约翰·W.克雷斯威尔：《研究设计与写作指导：定性、定量与混合研究的路径》，崔延强主译，重庆大学出版社2007年版，第13页。

表 1-4　不同研究范式常用的研究方法

定量研究范式	定性研究范式	混合研究范式
预设问题 基于问题的工具 行为数据、态度数据、观察数据、普查数据 统计分析	呈现方法 开放式问题 访谈资料、观察资料、文献资料、视听资料 文本和图像分析	既有预设法又有呈现法 既有开放式问题又有封闭式问题 源于所有可能的多重数据形式 统计和文本分析

一、定量研究范式

定量研究范式是指研究者预先建立科学的研究假设和进行严格的研究设计,按照设计的程序和方法收集资料,采用数学方式描述、分析和解释研究结果,以及对研究假设进行检验的一种研究范式。定量研究范式具有较强的客观性和科学性,对资料的收集和分析也比较准确,对于解释教育现象间的因果关系和提高教育研究的标准化程度具有一定的优势。但囿于教育现象的复杂性和研究对象的主观性,定量研究范式只能验证已有理论而不能创造新理论,定量研究范式在教育研究中的应用存在一定的局限性。

定量研究范式在知识观、研究策略和研究方法上表现出以下特征:

1. 知识观

定量研究范式所选择的知识观是后实证主义知识观。这种知识观主要有以下几个核心主张:第一,主张决定论,认为研究现象存在着因果联系,需要在研究中检验产生结果的原因。第二,主张简化论,认为复杂的系统或现象等可以通过分解的方法加以分析和解释,即可以用较低层次的分析单位收集具有某类特征的个体资料,以分析和解释较高层次的宏观复杂系统或现象。第三,主张经验观察和测量,认为知识来源于对客观事实的观察和测量,因此,观察和测量是研究个体行为的重要方法。第四,主张理论检验,认为世界是由理论或规律支配的,为了更好地认识世界,需要去检验和提炼这些理论或规律。因此,研究应始于理论,研究者所收集的资料也是对理论进行证实或证伪。

2. 研究策略

定量研究范式主要采用两个研究策略：一个是实验法，主要用随机选择被试的真实验和非随机选择被试的准实验收集资料；另一个是调查法，主要用问卷法和结构访谈法收集资料。

3. 研究方法

属于定量研究范式的研究方法主要有收集资料的方法和分析资料的方法。收集资料的方法主要包括问卷调查法、量表测量法、观察法等。分析资料的方法主要是统计分析法等。例如教育研究者通过一套有关大学生学习动机的问卷来收集资料，或通过观察一名教师的课堂教学行为来收集资料。

二、定性研究范式

定性研究范式是指研究者在自然情境下，以发现为导向，运用深度访谈、参与式观察和个案研究等方法，借助研究者的经验和敏感对教育现象进行深入和细致的分析，并以此为基础建立研究假设和构建理论，并通过证伪、相关检验等方法对研究结果加以检验的一种研究范式。定性研究范式倾向于使用探究式的科学方法来建立假设，加深对特定人、地、群体的理解。定性研究范式能更好地探究那些难以用定量研究进行检验的因素，有利于研究者对研究对象的整体把握。但由于研究者收集资料过程中的主观性和分析研究结果过程中的经验性，定性研究范式的科学性和可靠性有时会遭到质疑。

定性研究范式在知识观、研究策略和研究方法上表现出以下特征：

1. 知识观

定性研究范式所选择的知识观主要有两种：

一种是社会建构性知识观。这种知识观主要有以下几个核心主张：第一，主张多重参与意义，认为意义产生于人类团体的互动，定性研究所产生的意义来自研究者从所处场景中收集到的资料，应采用开放式问题以使参与者能尽情表达自己的观点。第二，主张社会和历史的结构，认为研究者的主观见解是在一定社会历史背景下形成的，受个人的背景和经历影响，应弄清社会文化和历史经验是如何影响研究者理解和解释研究对象的。第三，主张理论构建，认为研究应在归纳的基础上构建出一种新理论，而不是在演绎的基础上从某个理论出发建立假设和检验理论。①

一种是辩护/参与式知识观。这种知识观主要有以下几个核心主张:第一,主张知识是通过辩护/参与的方法获得的,研究应当包含一个可能会改变参与者的生活、生存和工作的环境以及研究者的人生等方面的改革行动议程。第二,主张关注政治、权力等因素对教育问题的影响,认为应关注教育中的一些社会问题,如强权、不公、压迫、专制、镇压、隔离等。第三,主张合作和变化,认为辩护方法意味着为参与者说话,提升他们的觉悟,或为提升参与者的生活水平而提出变革的行动议程。②

2. 研究策略

定性研究范式主要采用以下研究策略:第一,民族志研究。在这种研究中,研究者通过收集资料,特别是观察性的资料来研究一个历经岁月沧桑但其文化风貌保存完好的文化群。第二,个案研究。在这种研究中,研究者将在一段时间内持续地对某一项目、某一行动、某一过程和某一个体收集多种资料并予以深入研讨。第三,现象学研究。在这种研究中,研究者为了建立意义的关系和模式,要对少量的对象进行广泛而长期的考察。第四,扎根理论。在这种研究中,研究者致力于从参与者的角度构建有关过程、行动和互动框架的抽象理论。③

3. 研究方法

属于定性研究范式的研究方法主要有:呈现法、开放式问题、访谈、观察、文本和图像分析。研究者也可以通过在无预设问题的情况下走访研究地点、观察研究对象行为,或在没有详细提纲的情况下对研究对象进行访谈,从而收集信息。

---

① 约翰·W.克雷斯威尔:《研究设计与写作指导:定性、定量与混合研究的路径》,崔延强主译,重庆大学出版社2007年版,第6~7页。

② 约翰·W.克雷斯威尔:《研究设计与写作指导:定性、定量与混合研究的路径》,崔延强主译,重庆大学出版社2007年版,第7页。

③ 约翰·W.克雷斯威尔:《研究设计与写作指导:定性、定量与混合研究的路径》,崔延强主译,重庆大学出版社2007年版,第11页。

三、混合研究范式

混合研究范式是指在一项研究或一系列相关研究中混合使用定性和定量研究的方法、手段或概念的一种研究范式。混合研究范式是建立在实用主义哲学基础上的。研究中的定性或定量部分既可以同时进行（在同一时间开展两个部分），也可以先后进行（先开展一个部分，再开展另一部分），以回答一个研究问题或一系列相关问题。混合研究的优势在于可以在研究中使用不同的认识论、视角、理论、研究方法，使最终的混合形成互补性优势，从而提高研究质量。

混合研究范式在知识观、研究策略和研究方法上表现出以下特征：

1. 知识观

混合研究范式所选择的知识观是实用主义的知识观。实用主义源于皮尔士（Charles Sanders Peirce）、詹姆士（William James）、杜威（John Dewey）的著作。实用主义知识观的基本观点如下：第一，实用主义知识观强调问题中心。实用主义者认为，知识观源于行动、情境和结果，而不是源于后实证主义者所主张的先行条件。他们关注实用以及问题的解决方法，认为问题比方法更重要，方法是用于理解问题的。第二，实用主义知识观主张多元论。实用主义者认为世界不是一个绝对的统一体，真理是在一定时间内有效的。为了更好地研究问题，混合研究者应使用多种方法收集和分析数据。实用主义者主张研究者有选择的自由，即研究者在进行研究时，可在定性研究假设和定量研究假设中自由选择，也可以自由选择与研究需要和目标最相符合的研究方法、技术、步骤。第三，实用主义知识观指向真实世界的实践。实用主义者认为研究总是存在于一定的社会、历史、政治等背景中，研究者应停止有关实在和自然法则的追问。混合研究可能包含一个后现代转向和一个反映社会公平和政治目标的理论透析。第四，实用主义知识观侧重行为效用。实用主义研究者根据其研究的预期结果来寻求研究什么和如何研究。混合研究者需要设定有关混合的目的，它是为什么需要混合定量和定性资料的首要依据。① 综上所述，实用主义的知识观为研究者在混合研究范式中采用多种方法、多种研究假设等提供了基础。

---

① 约翰·W. 克雷斯威尔：《研究设计与写作指导：定性、定量与混合研究的路径》，崔延强主译，重庆大学出版社 2007 年版，第 9~10 页。

2. 研究策略

混合研究范式中普遍使用的策略主要有以下三种:第一,顺序法。这是研究者在一个阶段先使用一种方法(如定量方法)来收集和分析资料,在另一个阶段再使用另一种方法(如定性方法)来收集和分析资料,最后在解释阶段对两个阶段得到的结果进行整合的策略。第二,并行法。这是研究者同时使用定量和定性两种方法收集和分析数据,最后在解释阶段将两种形式的资料进行整合的策略。第三,转换法。这是研究者将某一种理论视角视为“最佳视角”,并将其作为收集资料的方法和分析主题的框架,以及分析解释预期结果的工具。①

3. 研究方法

混合研究主要有以下研究方法:预设法和呈现法,既有开放式问题又有封闭式问题,源于所有可能的多重数据形式,统计和文本分析。②

三种研究范式在知识观、研究策略、研究方法三个要素方面的具体特征如表 1-5 所示。③

表 1-5　定量研究、定性研究和混合研究的特征

	定量研究	定性研究	混合研究
知识观	后实证主义的假设	建构主义的假设 解放主义的假设	实用主义的假设
研究策略	实验设计	民族志设计 叙事设计	混合法设计
研究方法	态势测量 行为评估	田野观察 开放式访谈	封闭式测量 开放式观察

① 约翰 · W. 克雷斯威尔:《研究设计与写作指导:定性、定量与混合研究的路径》,崔延强主译,重庆大学出版社 2007 年版,第 12~13 页。

② 约翰 · W. 克雷斯威尔:《研究设计与写作指导:定性、定量与混合研究的路径》,崔延强主译,重庆大学出版社 2007 年版,第 13~14 页。

③ 约翰 · W. 克雷斯威尔:《研究设计与写作指导:定性、定量与混合研究的路径》,崔延强主译,重庆大学出版社 2007 年版,第 15 页。

理论思考与实践应用

1. 教育研究中有几种研究范式？它们之间有什么区别和联系？

2. 每个研究范式有哪些主要研究策略和方法？

第二章　教育研究的选题和设计

内容提要

选题和设计是进行教育研究的重要环节。本章分四个部分:第一部分主要从选题的内涵、意义、主要来源、基本要求、陈述等几方面对教育研究的选题进行了阐述;第二部分主要介绍文献检索的过程和文献综述的撰写方式等内容;第三部分主要阐明如何提出教育研究假设的相关原理;第四部分主要论述如何进行教育研究设计方案的制定和论证。

层次结构图

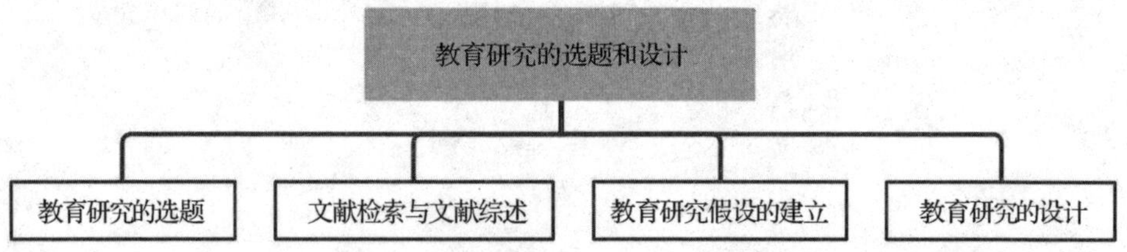

学习指导

1. 识记教育研究选题的基本要求。

2. 理解教育研究选题的意义和教育研究文献检索时的基本要求。

3. 运用文献检索的基本方法进行教育研究文献检索。

4. 运用研究假设的表述规范不同研究范式中的教育研究假设陈述。

5. 按照文献综述的格式和撰写规范要求,分析和评价教育期刊上发表的综述类教育文献。

6. 创造性地进行教育研究的课题设计和论证。

第一节　教育研究的选题

选题是进行教育研究的第一步,也是关键性一步,它不仅为教育研究者研究工作指明了主攻方向、目标与内容,而且在一定程度上规定了教育研究工作应采取的方法与途径。因此,选题在教育研究中具有战略地位,必须认真对待。

一、教育选题的内涵和意义

1. 选题的内涵

教育选题是指教育研究者按照一定的要求选择和确定自己所要研究的教育问题的过程。教育选题既包括对教育研究方向的选择,也包括对所要研究的教育问题的确定。

2. 选题的意义

在教育研究中,正确选择研究课题具有重要意义。一方面,选题是教育研究的起点,研究源于问题。著名科学家爱因斯坦曾说:提出一个问题往往比解决一个问题更重要更困难。因为解决一个问题也许仅是一个数学上的或试验上的技能而已。而提出新的问题、新的可能性,从新的角度去看待旧的问题,都需要有创造性的想象力,而且标志着科学的真正进步。教育发展的历史在某种意义上也可以视为教育问题不断拓展和深入发展的历史。正确选题是教育研究成功的保障,不当选题是教育研究失败的重要原因。因此,应正确地选择那些具有重要理论和实践意义的规律性问题开展教育研究。另一方面,正确选题也是教育研究者研究能力的反映。研究课题的确定,意味着研究者要善于从社会发展和变革中、学科理论发展中、教育实践活动中发现各种迫切需要探讨和解决的教育问题,通过思考和分析将问题清晰明确地提炼和表述出来。因此,正确选题的能力高低是教育研究者基本学术素养的综合反映。

二、教育研究选题的主要来源

1. 社会变革和发展中产生的问题

社会变革和发展经常会给教育领域提出许多亟待解决的问题和挑战，需要研究者从理论上加以探讨，从实践上提供解决思路，这是教育研究选题的来源之一。例如人口流动与儿童家庭教育研究，人工智能教育场景应用的伦理与限度研究，新发展阶段教育促进共同富裕研究。

2. 学科理论发展中产生的问题

学科不断深化发展，特别是交叉学科不断产生，会出现许多值得研究的新领域和新问题。对这些新领域和新问题的探索也是教育研究选题的重要来源。这不仅可以促进教育学科理论产生新的生长点，还可以拓展教育学科理论的研究领域，有助于学科的深化发展。例如"双减"政策落实的过程监测和成效评价研究。

3. 教育实践中产生的问题

研究者在教育实践中遇到和发现的问题是教育研究选题的主要来源。特别是从事教育管理和教学工作的教育行政人员和教师，他们在实际工作中会遇到很多现实问题，如何解决这些现实问题就成为教育研究的直接驱动力。例如新高考改革视角下的高中与大学衔接教育研究。

4. 教育文献阅读分析中产生的问题

对已有研究文献的阅读分析是教育研究选题的主要来源。在阅读分析期刊论文、学术专著等研究成果的过程中，研究者或者发现已有研究中存在的问题，或者受到以往研究的启发，从而激发探究新问题的想法。例如优秀传统文化在高等教育中的创造性转化与创新性发展研究，古代书院教育传统与现代大学书院制研究。

三、教育研究选题的基本要求

1. 选题要有研究价值

教育研究选题的价值主要表现在以下两个方面：第一，选题要有应用价值。

教育研究选题的应用价值是其对教育领域的实践价值,即是否有利于教育教学质量的提高,是否有利于受教育者的全面发展,是否有利于实际教育问题的解决等。第二,选题要有学术价值。教育研究选题的学术价值是其对教育学科或理论发展的理论价值,即是否有利于推动教育学科的发展,是否有利于教育理论的研究创新,是否有利于教育科学理论体系的建立等。

2. 选题要有理论依据和事实依据

教育研究的选题应建立在一定的理论依据和事实依据基础上。理论依据是教育选题的理论基础,教育选题应该以某个或某些理论为论据支撑。事实依据是教育选题的实践基础,教育选题还应该以教育实践中存在的相关事实为论据支撑。选题的理论依据和事实依据决定了教育研究选题的水平和方向。

3. 选题要有可行性

教育研究选题的可行性主要包括以下三个方面:第一,客观条件的可行性。这是指在选题研究过程中是否在人力、物力、财力、时间、精力等客观方面具备开展选题研究的条件。第二,主观条件的可行性。这是指研究者是否在学术成果、学术积累、学术训练、学术能力、学术专长、学术兴趣、学术经验等主观方面具备了开展选题研究的条件。第三,时机条件的可行性。与选题相关的理论、研究工具及条件等是否在时机方面具备开展选题研究的条件。

4. 选题要有创新性

教育研究选题的创新性主要表现为以下几个方面:第一,研究的选题在内容上是前人未触及或探讨不深入的。第二,研究的选题在视角上不同于已有的研究。第三,研究的选题在研究方法上有所创新。

四、教育研究选题的陈述

教育研究选题的陈述必须遵循一定的要求做到具体明确。一般来说,教育研究选题的陈述应符合以下要求:第一,应表明研究的界限范围和任务。选题的陈述应指明中心议题和选题的前后背景,表明研究计划中的关键因素。第二,应明确显示可操作或测量的变量。第三,应使用意义明确的概念,避免产生歧义,并使用符合逻辑和语法规范的语言来表述。第四,问题的表述可以采用陈述式,也可以采用疑问式。具体来说,不同研究范式的研究选题的表述也有不同的要求。定量研究选题的表述强调解释、预测或按照统计学描述一些结果和事件的必要性。定性研究选题的表述集中于理解特定群体的内心世界或探究某个进程、事件或现象。混合研究选题的表述或与定量研究相似,或与定性研究相似,但最常见的是二者混合。

第二节　文献检索与文献综述

一、文献检索

1. 教育文献概述

文献是指记录知识的一切载体。

(1)教育文献的类型

按文献的处理、加工程度,教育文献被划分为以下三种类型:第一,一次文献。一次文献是未经加工处理的原始文献,如学术论文、专著、调查报告、实验报告、会议记录、统计报表、档案材料等。一次文献具有学术性和创新性等特点,有较强的借鉴作用。第二,二次文献。二次文献是在一次文献的基础上加工整理而成的,有一定条理性和顺序性的检索性文献,如索引、目录、提要和文摘等。二次文献具有汇编性和简明性等特点,有利于研究者对一次文献进行检索。第三,三次文献。三次文献是在一次文献和二次文献的基础上加工整理而成的,有一定概括性、分析性的参考文献,如文献综述、专题述评、数据手册、进展报告、年度百科大全等。三次文献具有主观性和综合性等特点,是研究者对某一特定范围的一次文献进行归纳概括和综合分析后撰写的文献。

(2)教育文献的主要来源

教育文献主要有以下几个来源:第一,书籍。书籍是装订成册的出版物。教育类书籍主要有专著、教科书、工具书等。书籍是历史最悠久、品类最丰富、数量最大的教育文献来源。第二,报刊。报刊是连续的出版物。教育类报刊主要有刊登教育类新闻和评论的报纸,如《中国教育报》等;刊登教育类学术研究

成果的期刊,如《教育研究》《中国教育学刊》等。第三,教育档案。教育档案是在各类教育实践活动中形成的具有一定保存价值的教育文献。教育档案主要有教育年鉴、教育统计等,如《中国教育年鉴》等。第四,计算机数据库。随着计算机技术特别是互联网的发展,存储和获得大量电子数据成为现实。互联网为学术研究提供多种电子数据库。研究者通过查看图书馆主页或咨询图书管理员可以获取图书馆所订阅的数据库。如 ERIC(包括最新版英文教育期刊论文索引和教育资源在内的全部条目)、SocINDEX(包括英文社会学文摘条目)、CNKI(包括主流的中文教育期刊论文等教育资源的数据库)。

2. 文献检索在教育研究中的作用

文献检索对于教育研究的整个过程都具有重要的作用。第一,帮助研究者确定研究选题。阅读大量相关文献可以帮助教育研究者增进知识、开阔视野、启迪思维和把握研究动向,从而选择一个好的选题。第二,有助于提高研究效率。文献可以帮助教育研究者全面掌握与研究选题相关的国内外学术研究动态,了解哪些问题被研究过,研究到什么程度,还有哪些问题尚待解决等。文献有助于教育研究者高效利用其他学者的研究成果,减少不必要的重复性工作,促进教育研究效率的提高。第三,为研究提供论证依据。科学研究的新设想和理论是依据一定的经验事实和在总结前人研究成果的基础上提出来的。这些设想和理论在确立之前,需要理论证明和实践检验。现有教育文献中的理论、结论、事实和数据都可以作为论据使用。研究者应充分利用文献信息来支持自己的论断。拥有并掌握大量文献信息,往往意味着拥有更加权威的证据。

3. 教育文献检索的基本过程

文献检索是指通过一定方法从浩瀚的文献中查找所需要的文献信息的过程。教育文献检索一般包括三个阶段:第一,分析和准备阶段。在分析和准备阶段,研究者需要在对选题进行分析的基础上,确定文献检索的类型和范围、检索的工具和途径等。第二,搜索阶段。在搜索阶段,研究者需要搜索和选择重要的、适用的、与选题相关的文献,并运用适当的方法对文献进行初步整理。第三,加工阶段。在加工阶段,研究者需要对收集到的文献进行鉴别和筛选。首先,去除虚假的、重复的和过时的文献,剔除不可靠、不可信的文献。其次,保留真实的、准确的、全面的、完整的和最新的文献。最后,对文献进行分类和排序,并创建相应的目录和索引。①

4. 教育文献检索的基本要求

第一,力求检索文献的全面性和准确性。全面性是指研究者为了掌握与选题相关的国内外最新研究动态,检索和浏览国内外研究成果。准确性是指研究者通过阅读分析检索的文献,概括和归纳出国内外学者在相关研究领域内探究过哪些主要问题、有哪些主要观点和争论、有哪些代表人物及论著等。

第二,应确保检索文献的真实性。充分利用文献,不仅要掌握基本的加工文献方法,更要有较高的综合分析和判断识别能力,才能从收集到的资料中挑选出高质量的文献。这就需要运用外审法和内审法对文献进行考证。外审法侧重从形式上辨别文献的真伪,主要包括:通过比较作品语言风格来鉴别作者真伪;通过成书年代及写作、创作的背景并与其他同类出版物进行比较,来鉴别真伪。内审法主要侧重从内容上判断文献所记载的内容是否属实,主要包括:文字性文献互证,核实不同文献中记载的同一事件的不同表述;用实物来证实文字性文献;将文献内容与当时的历史背景对照,看是否符合当时的政治、文化情景。②

二、文献综述

文献综述是对教育某一领域或某一研究问题在一定时期内的研究状况进行较为全面、系统的概括与评论,是作者在大量阅读和分析文献的基础上,对有关研究的历史、现状与趋势的认识与判断。

1. 文献综述的格式

(1)引言

引言部分主要涉及两方面内容:第一,问题的提出。简要介绍文献综述的主题内容,包括研究背景、研究目的及研究意义等。第二,研究方法。简要说明文献的收集范围(时间跨度与来源分布)、分析维度和分析程序等。

---

① 陈向明:《教育研究方法》,教育科学出版社 2013 年版,第 41~42 页。

② 陈向明:《教育研究方法》,教育科学出版社 2013 年版,第 43 页。

(2)正文

正文部分主要包括两方面内容：

第一,概述文献检索结果。研究者在文献检索的基础上,概述从中获取的信息,包括某个学科、某个专业、某个课题或某项研究的历史、现状、未来发展趋势、核心观点、重要进展、存在不足等。文献检索结果应集中于对该研究最重要和最相关的文献上。文献综述应围绕有意义的分类进行组织。具体来说主要包括:首先,关于研究的历史发展状况,要阐明该领域研究的缘起。同时,要按照不同历史时期阐明研究课题的历史发展过程,说明每一时期课题研究的重要问题及取得的重要进展,包括各阶段研究的内容、方法、发现及尚未涉及的问题等。其次,关于研究的现状,概括阐述当前学者们对该课题研究的关注点及争论点,包括研究思路、研究方法、研究成果等。最后,关于研究的未来发展趋势预测,在回顾历史、分析现状的基础上,结合其他领域、学科发展的影响,提出研究内容、方法、思路等方面的发展趋势及有待研究的重要问题。

第二,分析讨论。在归纳、概括和分析文献的基础上,研究者还要在研究方法论层面上对以往研究进行反思,即对当前研究理论贡献与实践意义进行评价,并对当前研究存在的不足进行分析。此外,研究者还要提出研究的改进设想和建议,包括新的研究内容、研究思路、研究设计、研究方法等。

(3)参考文献

在文献综述的最后,要按照国家标准著录格式和一定的顺序列出综述中所参考的文献的信息。

2. 撰写文献综述的基本要求

为了保证质量,文献综述应遵循以下要求：

第一,涉及的文献要有全面性和典型性。文献的全面性是指在地域上,既要有国内文献,也要有国外的文献;在时间上,不仅要有最新的文献,还要有以往的文献;在载体上,不仅要有期刊、著作等纸质文献,还要有电子文献。文献的典型性是指要收集教育领域经典的、主流的文献,如教育类核心期刊、经典著作、重要会议的观点和论述等。文献代表了同类研究的较高水平,如果有所遗漏,则说明研究者的视野还不宽,知识储备和积累还不够,研究不可能达到较高水平,更不可能有超越性研究成果出现。

第二,对文献的分析要有针对性。介绍历史情况是为当前的问题阐述服务,介绍国外情况是为国内的问题研究服务,要有分析地介绍,围绕国内科研的需要,为解决实际问题服务。

第三,要力求文献与观点相结合。综述要有文献(把文献作者、文献题名等呈现出来),有观点(把有代表性的观点呈现出来)。文献和观点要紧密结合在一起呈现。既要避免材料介绍过多而评论过少的情况,也要避免论据太少而评论过多的情况。评论应以客观材料为基础,做到言之有据。

第四,要点面结合,以点带面。文献综述不是对文献和观点的简单罗列或全部囊括,而是有顺序、有主次地对所阅读文献的归纳、概括和评析。首先,文献综述的呈现要有顺序。为使文献有序呈现,综述主体部分的写法主要有三种:第一种是纵式写法,即按时间先后顺序对某一专题的历史演变、目前状况、趋向预测做出描述分析;第二种是横式写法,即对某一专题在国内和国外的各个方面,如各种观点、方法、成果等进行描述分析;第三种是纵横结合式写法,即对某一专题同时使用纵式和横式写法,如写历史演变时用纵式写法进行描述分析,写目前状况时用横式写法进行描述分析。无论采用哪种写法,都可以按照研究的问题分类,并运用标题来帮助读者理解主题的顺序。其次,文献综述的呈现要主次分明。对主要的研究应详细讨论,对次要的研究可以一带而过,提纲挈领,简洁概括,重点突出。

第五,运用可视化的统计图表来说明相关研究的发展过程和现状。统计图表有利于清晰地展现相关研究在一定历史时期内的发展变化情况和研究的重点,可视化的图表让人一目了然且印象深刻。

3. 不同研究范式的文献综述

除了基本要求之外,不同研究范式对文献综述的撰写还有一些具体要求:①

(1)定性研究的文献综述

在定性研究中,研究者运用文献的方式应与对参与者的认识假设相一致,并且不能站在研究者立场指定需要回答的问题。这是因为定性研究具有一定的探究性,对相关主题的研究还不是很多,并且研究者试图通过聆听参与者的

① 约翰·W. 克雷斯威尔:《研究设计与写作指导:定性、定量与混合研究的路径》,崔延强主译,重庆大学出版社 2007 年版,第 23~25 页。

描述而对其思想观念建立起相应的理解。此外,定性研究所能利用的文献按研究方法不同而数量不同。在民族志等理论导向的定性研究中,某种文化概念基础上的文献被早前的研究者作为导向性框架予以介绍了。在扎根理论、个案研究、现象学研究中,文献很少能为建立研究的步骤提供帮助。在定性研究中,研究者需要根据受众对项目的了解来决定文献综述的位置。放在引言部分是为了“框定”问题,放在单独部分或研究的结尾是为了与当前研究的成果进行比较或对照。

(2)定量研究的文献综述

在定量研究中,实际研究之前会进行全面的文献综述。该文献综述被用于进行推论,并以之为提出研究的问题或假设的基础。在进行定量研究时,文献综述通常出现在研究报告的引言部分。此外,研究者也可以把文献综述放在研究报告的最后,将自己研究的成果与文献中的成果进行对比,推理性地利用文献作为所研究问题或假设的一个框架。

(3)混合研究的文献综述

在混合研究中,文献综述究竟选择定性方法还是定量方法,主要取决于所运用的混合研究设计的类型。在顺序法设计中,每一个阶段所用的文献在某种程度上都与那个阶段所用的设计类型相符合。例如如果研究是从定量研究开始,那么研究者可能综述大量文献,为研究的问题或假设建立基本原理;如果研究是从定性阶段开始,那么对文献的综述会减少,同时研究者还可能把文献综述放在研究的结束部分——文献使用的归纳方式;如果研究在定性数据和定量数据上同等重要,那么文献综述可以采用定性或定量研究形式。

下面是学者刘德寰、李雪莲撰写的一篇有关小学入学年龄限制与青少年发展和教育获得之间关系的论文。作者在论文的第二部分对相关的研究成果进行了文献回顾,在对文献进行概括分析的基础上,聚焦于三个主题撰写了这篇文献综述。在引言部分,作者向读者表述了如何基于文献检索结果提出问题和说明研究方法;在正文部分,说明了如何对所检索文献中的观点进行概括和归纳;在分析讨论部分,阐明了如何对已有研究进行反思和提出改进意见。该文献综述为教育研究的初学者提供了可借鉴的范例。

“七八月”的孩子们①

——小学入学年龄限制与青少年教育获得及发展

刘德寰　李雪莲

青少年的发展与教育获得在世界范围内一直是备受关注的研究课题,社会发展进步的标志之一是教育资源的开放与公平。这一议题始终吸引着大量的公众,尤其在独生子女政策影响下,对每个家庭来说,青少年的发展与教育都比以往任何时期更为重要。

…………　　　　　　　　·

然而从何种角度关注教育获得及公平,直接决定了我们如何看待产生差异的原因并采取相应策略和方法。在对以往文献的回顾中,我们发现主要存在以下一些研究路径和侧重点。

(一)宏观层面的教育机会平等研究

1. 社会分层视角下的机会平等

布迪厄的“网络资源”和科尔曼的“社会闭合”两种研究路径②长期以来一直统治着社会资本与教育获得的研究领域,前者强调蕴含于社会网络中的资源对教育获得的影响,后者则强调闭合网络的支持作用(赵延东、洪岩壁,2012),以上两种视角与教育公平探讨紧密关联。

有关社会分层对子女成就获得的议题(包括相关细分研究,如教育获得),以布劳-邓肯的地位获得模型为理论依托,产生了一系列对家庭社会资本与子女教育获得的相关研究。国内相关研究认为,来自社会阶层背景以及自身社会阶层位置的影响差异在1978—2003年间一直存在(刘精明,2006);李煜(2006)通过代际教育不平等传递的理论分析框架,强调教育不平等产生机制、具体制度设计和社会状况背景三者间的联系,认为管理阶层的资源优势正在逐步转化为其下一代的教育机会。

---

① 刘德寰、李雪莲:《“七八月”的孩子们——小学入学年龄限制与青少年教育获得及发展》,载《社会学研究》2015年第6期,第169~192页。

② 这两种路径严格而言并不属于纯粹的宏观研究路径,但在讨论青少年的教育获得这一议题时,我们认为家庭背景这一因素相对来说是一个稳态的、不受青少年自身控制的、隶属于更宏观的社会结构的先赋因素,因此将这一类研究归入宏观研究的类别。

雷夫特里和霍特(Raftery & Hout,1993)则从教育供应方向出发,提出"最大限度地维持不平等"(maximally maintained inequality, MMI)理论,阐释了爱尔兰在工业化进程中教育扩张与教育分层之间的关系,指出只有当较高社会阶层的入学需求已经完全满足时,教育扩张所带来的利益才会影响到较低社会阶层,否则不会对教育分层模式产生实质影响。卢卡斯(Lucas,2001)将生命历程视角和MMI理论结合起来,以修正MMI理论,并提出了"有效维持不平等"(effectively maintained inequality, EMI)理论。

…………

2. 宏观教育政策干预下的机会平等

国内关于教育平等的研究多将政策干预与社会分层的影响相结合,梁晨等(2012)通过对1952—2002年间北京大学和苏州大学学生学籍卡片的资料对比,认为基础教育的推广、统一高考招生制度的建立以及重点中学的设置等制度安排共同推动了无声革命的出现,即高等教育生源多样化;郝大海(2007)从MMI视角全面分析1949年以来中国教育分层的历时性变化,着重分析政策干预的不同效应,考察了诸如恢复高考事件的刺激对于教育分层的影响,认为改革以来中国教育分层正在显现出MMI假设的诸项特征。

以上研究路径主要持宏观、经典的结构视角,涉及教育政策的研究也偏向于探讨宏观政策的问题,有关入学年龄限制这类相对微观的政策,对于青少年教育获得、教育过程中的机会平等所产生的影响则很少被注意。

(二)微观政策影响下的过程平等——相对年龄优势效应

我们关注小学入学制度中关于入学年龄限制的规定,原因在于这一规定可能会造成"相对年龄效应",并由此带来适应危机与发展机会的不平等。

20世纪80年代,罗杰·巴恩斯利注意到"相对年龄"(relative age)现象,提出在球员筛选、人才分类和区别培训三个环节,无一例外地存在马太效应(格拉德威尔,2009:14)。我国学者通过分析国家注册的田径运动员的出生日资料,也得了类似的结论:我国男子和女子田径运动员各年龄组中均存在着"相对年龄优势"现象,大量运动员出生日明显偏向于选择日(参赛年龄组的划分点,即当年1月1日),且相对年龄效应随着年龄的增长有减小的趋势(王小芦等,2011)。

刘卫民(2006)则进一步借助历时性数据资料考察了选拔日期变化与优秀

运动员之间的关系，发现当2000年黄石足球学校选拔优秀足球运动员的分组年龄标准从8月1日变为国际通行的1月1日时，“天才运动员”的出生日期也突然由集中于8—10月和10—12月转变为集中于1—3月。

…………

（三）宏观与微观共同影响下的教育结果平等

青少年时期的教育获得与之后的发展差异也受到部分研究者关注，其视角可概括为对结果平等的研究。我们在此仅列出与相对年龄效应密切相关的部分研究。

杜伊和利普斯科姆使用美国在1960、1972、1980—1982年三次面向高中学生的调查，研究了相对年龄现象与领导力之间的关系，在将各州不同年代的幼儿园入学截止日期纳入考察之后，他们发现，相同年级同一年龄的孩子中，出生相对较早（相对年龄较大）的25%的孩子相对于出生较晚（相对年龄较小）的孩子拥有领导职位的可能性高出4%—11%。同时，他们还发现出生较早的孩子比出生较晚的同学多积累了大约5%的领导经验（Dhuey & Lipscomb，2008）。

另一研究曾对参与TIMSS（国际教学和科学评测趋势，每四年对全球青少年进行一次数学和科学能力的测试）的青少年的出生月份与其测试成绩的相关性进行了分析。在四年级及八年级的学生中，相对年龄最大的学生得分均高于相对年龄最小的。在美国四年制的大学中，每个年级同年出生但月份较晚的学生人数比例不到11.6%。成千上万在起点处于劣势的学生步入大学的时候显示了他们的差异——而处于中间层次的学生却不存在这类现象（Bedard & Dhuey，2006；格拉德威尔，2009：16）。

…………

通过文献回顾可以看出，机会平等对于教育获得及公平的影响的研究已经非常丰富，而关于过程平等的研究相对薄弱，且多从教育资源方面进行论证，有关微观政策对过程平等的影响、其产生影响的方式及对教育获得及公平的影响也缺乏关注及有效的论证，而这正是本文关注的重点。

第三节　教育研究假设的建立

教育研究假设是教育研究者依据一定的科学理论或客观事实,对两个或多个变量间关系做出一种推测性解释命题。基本形式是:"如果…… 发生,那么就有…… 结果。"建立研究假设是教育研究工作的重要步骤,教育研究者通过排除错误研究假设,既可以缩小未知的范围,又可以进一步明确研究的方向。

一、教育研究假设的作用

在教育科学的研究中,提出具体的研究假设具有非常重要的作用。第一,教育研究假设的提出可以使教育研究目的更加具体、教育研究范围更加明确。对于某一教育研究选题,可以通过提出教育研究假设的方式,将收集相关资料和数据限定在一个特定的方向和范围内,从而使研究目的更为明确具体。第二,教育研究假设的提出方便研究者观察、测量和检验变量间的关系。教育研究假设一般都使用操作性定义或可测量的术语,对变量间的关系进行推测性陈述,因此,研究者可以更有效、更明确地对一项教育研究假设中的变量关系加以验证,从而提高教育研究的效率。

二、教育研究假设的基本类型

按照不同的分类标准,教育研究假设可划分为不同的类型。

1. 归纳假设、演绎假设和研究假设

按照研究假设的形成,教育研究假设可分为归纳假设、演绎假设和研究假设三种类型。

归纳假设是研究者在对一些个别教育事实或现象观察的基础上,概括和推断出的经验定律假设。

演绎假设是研究者基于某个理论或一般性陈述,借助理论综合和逻辑推理对无法直接观察的事物或现象之间是否存在某种普遍性联系提出的理论定律假设。

研究假设是研究者对变量间是否存在相关或不相关的关系的假设。研究假设又可以具体分为备择假设和虚无假设两种不同类型。

备择假设是教育研究者通过收集证据获得支持或证实的假设。它基于一定的理论或事实,提出变量间可能存在某种关系的假设。备择假设又分为定向假设和非定向假设两种类型。定向假设对结果做出相关的假设,并明确说明其中的差别或特点(更高、更多等)。例如,“高年级小学生的思维能力比低年级的小学生强”。非定向假设虽然也对结果做相关假设,但没有确切说明其中的差别或相关特点。例如,“不同年级的小学生在思维能力上存在差异”。

虚无假设是教育研究者通过收集证据予以反对或推翻的假设。它是从与备择假设相反的方向,对变量间不存在某种相关关系的假设。虚无假设一般用“没有差别(或关系)”的措辞进行陈述。例如,“不同年级小学生在思维能力上没有差别”。以下是一个虚无假设的例子:对患有抑郁症的大学生的矫治,研究者可以检验三种强化形式:口头暗示、奖励、非强化。研究者收集对这些大学生的行为测量数据,这些数据是从这些大学生与同学的社会交往的评估中得到的,则该研究的虚无假设陈述如下:口头暗示、奖励和非强化等因素在患有抑郁症的大学生与同学进行社会交往过程中,无显著矫治效果。

2. 描述性假设、解释性假设和预测性假设

按性质和复杂程度,教育研究假设可分为描述性假设、解释性假设和预测性假设三种类型。①

描述性假设是对事物外部联系的推测。它是对事物的结构及外部表象的描述。例如,一个有关教学知识的描述性假设可以表述为“教师教学知识的主体是教学的课程知识、教学的内容知识与教学的方法知识”②。

解释性假设是对事物内部联系的推测。它是对事物原因或事物各部分间因果关系的解释说明。例如,一个有关受教育年限与生育意愿的解释性假设可以表述为“适龄人口的受教育年限与适龄人口的生育意愿成反比”。与描述性假设相比,解释性假设更加复杂。

---

① 陈向明:《教育研究方法》,教育科学出版社 2013 年版,第 31 页。

② 范良火:《教师教学知识发展研究》,华东师范大学出版社 2003 年版,第 41~45 页。

预测性假设是对事物未来发展趋势的推测。它是对影响事物未来发展的某些决定性因素的预测。例如,一个有关人口出生率对生源数量影响的预测性假设可以表述为“未来,人口出生率的下降会导致中小学生源数量减少”。在三种类型的假设中,预测性假设最复杂。

三、教育研究假设的要求

一个规范的教育研究假设应符合以下基本要求:第一,科学性。科学性是指教育研究假设应建立在一定的科学理论和客观事实基础之上。科学的教育研究假设不是毫无依据的主观臆测,而是有一定理论和事实的支撑。第二,推测性。推测性是指教育研究假设应对两个或两个以上变量之间可能存在的关系进行推测。由于教育研究假设是研究者基于不充分的经验事实,对教育现象背后的原因或规律做出的预测性解释,因而具有一定不确定性,有待证实。第三,明确性。教育研究假设的表述应该简单和明确。在措辞上,要做到言简意赅,尽量避免使用复杂概念。在句式上,要使用陈述句,尽量避免使用疑问句等不确定句式。第四,可检验性。可检验性是指教育研究假设中的术语能够被操作性地定义和测量。要想使教育研究假设成为理论,就必须对它所推测的变量间的关系加以检验和证实。因此,教育研究假设中的变量应该能够被测量和检验,一个不可检验的教育研究假设是没有科学价值的。

四、教育研究假设的形成

1. 教育研究假设形成的条件

教育研究假设的形成需要建立在一定的条件基础之上。第一,经验基础。教育研究假设的形成是建立在一定的科学观察和经验归纳基础之上的。经验基础是教育研究假设形成的重要来源。为此,研究者应系统地整理分析与课题相关的教育文献,掌握国内外相关的研究动态,并积极参与教育教学实践,洞察教育实践情境中存在的弊端。第二,思想方法论基础。教育研究假设的形成需要科学的思想方法论基础。假设是一种合乎逻辑的推测,因此,研究者在推导和陈述研究假设时,需要掌握和运用类比、归纳、演绎等科学思想方法。第三,研究者背景知识基础。教育研究假设的形成要求研究者必须具有相应的背景知识，即研究者不仅应该具备相应的学科知识，还应具备与研究课题相关的知识等。

2. 教育研究假设形成的方法

演绎法和归纳法是提出教育研究假设的两种基本方法。

演绎法是从一般到个别的方法，即从某一理论或一般性陈述出发来考察某一特定的对象或现象，并对这一对象或现象的有关情况做出推测的方法。例如，个体从事某一活动能力越强，他在这一活动上花费的时间就越少，据此可以做出推论：因为人们从事某项活动的效率高，所以他们在该项活动中花费的时间较少。根据这个一般性陈述，研究者可以提出假设：因为学生学习擅长的学科效率更高，所以他们在这个学科上花费的时间更少。

归纳法是指从个别到一般的方法，即基于对特定现象或事件的观察，从若干个别事实中概括出有关事物、现象的一般性认识或结论的方法。例如，某教龄为20年的某高中班主任通过观察发现，其所教班级中，经常从事体育锻炼的学生的情绪调节能力普遍强于不经常从事体育锻炼的学生。虽然该老师观察的学生只是全体高中生的一部分，但他可以在此基础上，通过归纳法提出“在情绪调节能力方面，经常从事体育锻炼的学生比不经常从事体育锻炼的学生强”这样带有一般意义的假设，并通过教育研究对该假设进行验证。

3. 教育研究假设形成的步骤

教育研究假设的形成一般包括以下几个步骤：第一，在收集和阅读一定文献和观察教育现象的基础上，提出研究问题；第二，基于一定的理论和事实基础，针对研究问题，充分运用各种思维活动进行推测，形成解决问题的基本观点，并据此提炼出构成假设的主要变量；第三，根据研究假设陈述的规范要求，对假设做出严谨的表述。

下面是一个研究假设的写作范例，摘自陈宏军等学者撰写的《社会资本与大学毕业生就业绩效关系研究》一文。作者在文献阅读和分析的基础上，基于一定的理论基础，提出了与研究问题相关的若干个研究假设，呈现了研究假设的写作方式。

社会资本与大学毕业生就业绩效关系研究[①]

陈宏军 李传荣 陈洪安

…………

(二)研究假设和模型

根据科尔曼的社会资本理论,我们认为社会资本是影响大学毕业生就业能力和就业质量的重要资源,它可以从功能上动员社会资本结构的各种要素,帮助大学毕业生实现特定的就业目标。

1. 可调用的社会资本与就业绩效

在我国现阶段,由于人力资源市场还不够完善,国内统一的大学毕业生就业的人力资源市场还没有形成。因此,用人单位与大学生之间的信息交流缺乏公开性和易得性,即大学生就业过程中存在着信息不对称现象。因此,大学毕业生要想获得有价值的岗位信息,就必须支付一定的信息交易成本,大学毕业生可通过自身拥有的社会资本方便快捷地收获有用的信息,缩短求职期限,减低就业成本。社会资本中的网络顶端反映了这个人的社会交往网络的地位的最高层,进而反映这个人的社会地位,一个人的社会地位会影响周围人对其能力的评价。由此,我们得到如下假设,(H1):大学生在求职过程中拥有的社会网络资源越多,其就业成本越低;(H2):大学生在求职过程中拥有的社会网络资源越多,其就业质量越高。

2. 实际使用的社会资本与就业绩效

在中国传统社会中,家庭和血缘关系占据重要的地位。因此,大学毕业生在就业过程中离不开对家庭这一社会资源的利用。劳动力市场分割理论认为,劳动者在进入劳动力市场之前,其家庭背景已经决定了他能进入主要劳动力市场还是次要劳动力市场。因此,家庭背景影响大学毕业生就业的劳动力市场层次。作为一种社会行动如求职,个人所使用的关系人(社会资本)的社会经济地位对能否获得理想的结果非常重要。由此,我们得到如下假设,(H3):大学生在求职过程中实际使用的社会资本越多,其就业成本越低;(H4):大学生在求

① 陈宏军、李传荣、陈洪安:《社会资本与大学毕业生就业绩效关系研究》,载《教育研究》2011年第10期,第21~31页。

职过程中实际使用的社会资本越多,其就业质量越高。

…………

第四节 教育研究的设计

教育研究设计是引导教育研究进行的计划。作为一种计划,教育研究设计涉及诸如选择研究的参与者、数据收集的准备等研究过程的各种活动。

只有进行研究的愿望或研究活动的努力并不一定能产生答案,教育研究设计的目的是为具体研究提供问题的答案,研究应该是有效的。一个好的研究设计不仅应该是适当的和易操作的,而且应该是能从研究中产生出有助于理解和解释研究的结论,保证研究者获得有用的结果。

一、教育研究设计方案的制定

教育研究设计方案的制定主要包括以下几个步骤:

第一,选择研究对象。选择研究对象也就是挑选教育研究样本。教育研究者应该遵循抽样的基本要求,通过适当的抽样方法,选择出总体特征具有代表性的样本。

第二,确定研究方法。研究方法的确定主要应考虑以下因素:首先,研究课题的目的的需要。研究方法的确定主要取决于研究目的的需要。在各种研究方法中,并不存在一种最优的研究方法,确定研究方法的依据主要在于它是否有利于实现研究目的。其次,不同研究方法的区别和联系。每种教育研究方法都有各自的优势、劣势和适用范围。在选择研究方法时,不仅要注意它们的区别,还要注意它们的联系,要配合使用不同的研究方法。最后,被试的特点、研究的主客观条件。在选择教育研究方法时也要考虑研究对象或被试的具体特点,以及研究者的经验、学识、能力等主观条件和可利用资源、时间等客观条件。

第三,分析研究变量。对研究变量的分析主要包括以下内容:首先,判断自变量和因变量的关系。自变量、因变量和无关变量是教育研究的主要变量。在

制订研究计划时，研究者应该对研究中自变量和因变量之间的关系做出推测。这些关系主要包括：相关关系、因果关系、预测关系。其次，选择自变量。要根据教育研究类型确定所要操纵的自变量，即要变革的措施，它反映的正是教育研究的性质和特点，要注意防止自变量混淆，保持自变量的单纯性。再次，确定因变量。确定因变量主要有两方面的工作：确定研究中的因变量、确定因变量的观察或测量指标(可以通过给因变量下一个操作定义[①]的方式)。最后，控制无关变量。在教育研究中需要对无关变量进行控制，排除或消解无关变量可能对研究结果产生的影响。如果不对无关变量进行控制，研究者很难判断引起因变量发生变化的真正原因。

第四，制订研究计划。制订研究计划主要是对教育研究过程中各项主要工作做出规划和安排。研究计划主要包括以下内容：为什么研究(why)，即研究的目的和意义；研究什么(what)，即研究的具体内容；如何研究(how)，即研究的思路、步骤、方法和手段等。

二、教育研究设计方案的论证

第一，选题依据和课题价值论证，说明"为什么研究"的问题，主要包括两方面内容：一方面开展相关研究文献综述，主要对与课题相关的国内外已有研究的历史、现状和发展趋势做出归纳概括，分析评价现有的相关研究达到什么程度，得出哪些结论，存在哪些不足，阐明该课题的切入点和创新点；另一方面阐明该课题所具有的学术价值和应用价值。第二，课题研究内容和基本思路论证，说明"研究什么"的问题，即课题将从哪些方面进行研究、研究思路是否正确、内容框架是否科学等。一个清晰、准确、合乎逻辑的研究思路和内容框架，对教育研究的顺利进行和预期研究结果的取得至关重要。第三，课题研究步骤、方法及手段论证，说明"如何研究"的问题，即采用何种具体的研究方法和途径、如何控制研究的过程、研究进度如何安排等。第四，课题研究可行性论证，说明研究者在进行教育课题研究时，是否在主观条件、客观条件和时机条件方面具备了一定的基础。

---

① 操作定义：根据可观察、可测量的特征对变量含义进行界定的方法，是通过将抽象的概念具体化为可观察和测量的指标，从而对变量的特征进行界定和说明。

下面是一个教育研究设计方案的写作模板，主要从标题、选题依据、研究方法、研究内容等方面详细阐明了教育研究设计方案各部分内容的撰写方式和规范要求。

表 2-1　教育研究设计方案模板

<table>
<tr><td>标题</td><td>第一，言简意赅，用词准确，突出主题，能给读者留下强烈的视觉冲击；第二，标题中的核心词要具有学科属性或学科特征；第三，标题通常应包含以下内容：研究对象、研究结果、研究目的、研究方法、研究问题、研究主题或观点、研究背景。</td></tr>
<tr><td>选题依据</td><td>1. 研究目的
一般写 2~3 条，通常使用动宾结构的短句进行陈述，如提出、掌握、解释、构建等。此外，各个研究目的之间应该有一定的逻辑联系，共同构成一个有机整体。
写作模板：
找出/厘清/明确……存在的问题；找出/分析……问题的原因/根源；找出/分析影响……的主要因素；分析出……与……之间的相关关系；证实……对……的影响。
提出解决/缓解/改善……的对策/建议/策略。
2. 研究意义
主要论述本课题相对于已有研究的独到理论意义和实践意义，特别是在同类课题中的新进展。
写作模板：
本研究针对……问题的研究具有重要的理论意义和实践意义。
理论意义：本研究将对……进行深入的剖析/分析，证实/阐明……的原因/关系等，研究结果将拓展……的研究范围，丰富……的研究内容，为……相关的后续/深入研究奠定理论基础/提供理论依据。
实践意义：本研究结果将有助于……深入了解……现象/原因/相关关系，有助于提出优化……的建议/对策，对于……发展/创新等具有重要的推动/重要作用。</td></tr>
</table>

续表

	3. 文献综述 文献综述主要对国内外相关研究的学术史和研究动态进行梳理、概括和评价。 写作模板： 导言 针对……问题,国内外已经有众多学者开展了相关的研究。已有研究主要从……角度/理论/视角分析,基于……理论/方法,开展……实证/理论/定性/定量研究证实……具体包含以下几个方面/已掌握的文献资料表明,理论界主要从以下几方面开展了相关研究。 正文 关于……的研究。 ××年,××(作者)在文献中对……做了……总结/阐述。与此同时,××(作者)也在论文中谈到了……问题/观点。××(作者)谈到……问题时指出……其在研究中运用了……调查梳理了…… 评析 综合以上分析可以看出,国内外针对……问题的研究已经非常丰富,大量研究已经证实了/说明了/提出了……但是较少/缺少从……方法/理论/视角对……问题进行深入的分析和研究。因此,本研究将基于/从……方法/理论/视角分析……以其证实/说明/提出……
研究方法	主要说明本研究运用了哪些研究方法,以及这些方法是如何应用于本研究的。需要注意的是,研究方法的用语一定要准确和规范,不要主观臆造各种研究方法的名称。 写作模板： ……(研究方法)是指……(简述该研究方法的内涵)。本研究中主要用于……(阐明该研究方法在本研究中是如何应用的)。

续表

<table>
<tr><td>研究内容</td><td>研究内容是研究设计方案中最重要的部分之一。在此部分,要把课题的研究对象、研究思路和研究框架清晰地表述出来。
1. 研究对象
研究对象是被研究的人、组织机构、物等。数量可以是一个或成千上万个。研究对象的撰写要遵循以下要求:第一,尽量只确定一个研究对象;第二,表述要准确。
写作模板:
本课题的研究对象为……具体来看,它主要包括……
2. 框架思路
框架思路主要包括两部分:研究框架和研究思路。研究框架侧重于从宏观上总体描述和高度概括研究者将如何解决研究问题。研究思路侧重于从微观上详细说明研究者将如何具体落实研究思路。研究框架和研究思路的关系呈现出研究者如何实现从问题到结论的线路图。
(1)研究框架
研究框架是研究内容的总体结构安排,是研究内容各部分之间逻辑关系的总体呈现。研究框架需要阐明主题,并用提纲或目录的形式进行撰写。在每一个部分,都要表达出作者的核心观点。各部分研究内容应该使用主谓结构的短语或句式,而不要使用动宾结构的短语或句式。例如,应是“高校教师专业发展现状的梳理分析”,而不是“梳理分析高校教师专业发展现状”。
(2)研究思路
研究思路是如何实现研究目的和如何开展研究的具体思路,主要描述研究内容实施过程的时间顺序。研究思路要清晰表明研究者第一步做什么,第二步做什么,以及最后一步做什么。为保证表述的清晰性,研究者可以同时运用流程图和文字说明呈现研究思路。流程图一般用黑白的长方形或正方形表示,尽量不要使用彩色图和异形图。文字说明要有一定的逻辑性和条理性,常见书写格式是三段论或四段论,即问题—原因—对策,或现状—问题—原因—对策。</td></tr>
</table>

续表

<table>
<tr><td></td><td>写作模板：
本研究将遵循提出问题—分析问题—解决问题(分析问题—建构模型—收集数据—检验假设)的研究思路展开。
首先,本文将借助……(研究方法)收集与……问题相关的文献资料,通过对文献的阅读分析,发现……存在的问题。
其次,基于……理论,构建……模型,提出……假设,通过……方法收集数据,借助……进行统计分析,探寻……的关系/原因/机制。
最后,根据……的研究结果,证实……提出……的对策。
3. 重点难点
研究重点是由其在整个研究中占据的地位决定的,是研究中最核心的部分。研究重点要与研究对象相对应,并以条目化的形式和简洁清晰的语言进行陈述。
研究难点是由完成工作的难度决定的,是研究中相对具有挑战性的部分。研究难点主要说明难点是什么和解决难点的方法。研究难点通常涉及三个方面:第一,资料方面,如涉及资料数量较多、资料难以获取、前期相关研究较少等;第二,理论方面,如涉及理论较为复杂,需要跨学科的研究等;第三,研究方法方面,如运用调查研究、田野研究、个案研究等方法需要耗费大量的人力、物力、时间、精力等。
4. 研究目标
研究目标是对研究应实现的目标进行整体描述。
5. 计划进度
计划进度是关于实施研究过程中各个阶段的时间安排,一般分为三或四个时间段说明每个时间段具体开展哪些工作。构思良好的时间表可向评审人员表明该研究是可行的。
6. 可行性
可行性主要从客观可行性、主观可行性和时机可行性三个维度进行论述。</td></tr>
<tr><td>创新性</td><td>主要从学术思想、学术观点、研究方法等维度阐明研究的特色和创新。</td></tr>
<tr><td>参考文献</td><td>列出开展本课题研究所使用的主要中外参考文献。参考文献的数量要适当,不要过多。此外,要有与课题密切相关的研究领域中权威学者的文献和最新的文献。同时,参考文献的撰写要注意格式规范和排序问题。</td></tr>
</table>

理论思考与实践应用

1. 试论述一个科学的教育研究选题要符合哪些基本要求。

2. 运用所学理论，给自己的教育研究选题撰写一个定量、定性或混合研究的文献综述。

3. 结合自己的教育研究选题，按照研究假设的规范要求，提出并表述自己的研究假设。

4. 利用所学的文献检索知识，利用互联网查找文献，并选定一个有关教育的选题，在此基础上进行研究设计和选题的论证。

5. 以下列举的是近年来一些教育研究领域的选题案例，试运用所学理论分析讨论这些选题的研究意义。

新发展阶段教育促进共同富裕研究

"双减"政策落实的过程监测和成效评价研究

新时代高质量教师教育体系建设及师资供需配给研究

中国特色社会主义教育学话语体系研究

高等教育普及化阶段毕业生就业政策研究

中小学地方课程教材定位与功能研究

职业本科教育的推进路径及实施策略研究

人工智能教育场景应用的伦理与限度研究

我国青少年社会与情感能力培养研究

人口流动与儿童家庭教育研究

第三章　教育研究的定量研究方法

内容提要

教育研究的定量研究方法是运用定量分析的方法发现教育活动研究对象的本质联系及内在规律。本章重点探讨教育研究的定量研究方法的核心构成要素及具体表现形式，并从描述研究法、关系研究法与实验研究法三个维度进行分析、归类与研究，确保教育的定量研究方法最终服务于教育研究。

层次结构图

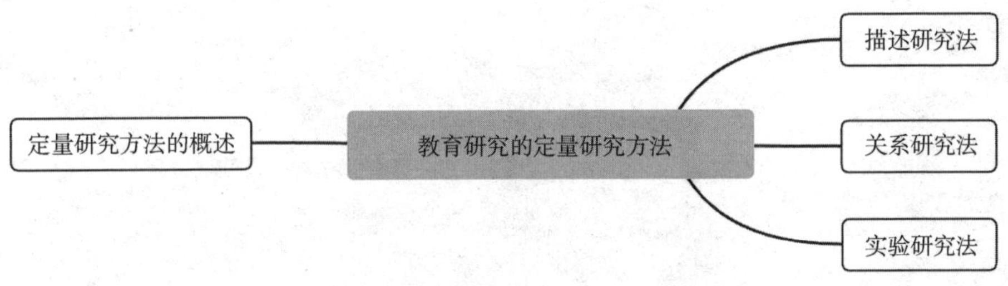

学习指导

1. 识记定量研究方法的内涵，识别定量研究方法的不同类型。
2. 理解定量研究方法的理论基础。
3. 创造性地运用描述研究法、关系研究法、实验研究法进行教育研究。
4. 分析和评价定量研究方法的优势和局限性。

第一节　定量研究方法的概述

一、定量研究方法的定义

定量研究方法是指事先建立研究假设,进行严格的研究设计,按照预定程序,在运用问卷、观察、测量、统计等方法和技术对数据和资料进行收集、整理、分析的基础上,对研究假设进行检验,并由此把握研究现象的总体情况和规律性特征的一种研究方法。定量研究方法注重在研究设计、数据收集、结果处理与解释上的严格形式,强调客观性和普遍性。定量研究者希望找到教育现象的普遍规律,并使其得到推广。

定量研究方法主要分为三种类型:描述研究法、关系研究法与实验研究法(图 3-1)。本章将在第二节至第四节分别进行详细介绍。

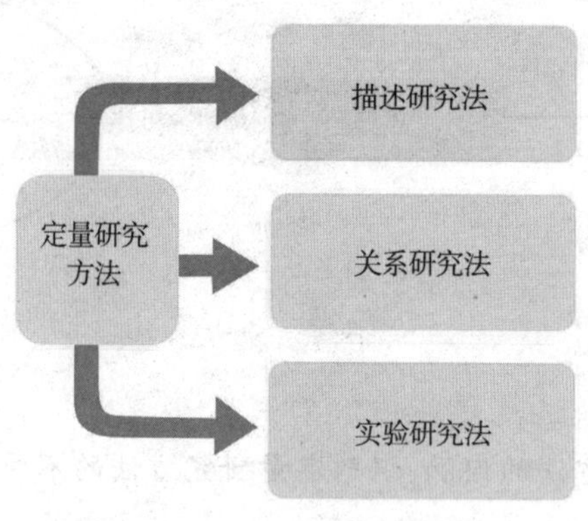

图 3-1　定量研究方法类型图

二、定量研究方法的信度和效度

1. 信度

在定量研究中，信度是指教育研究在时间、研究工具、受访群体上的可靠性、一致性和可重复性。它关注的是精确性和准确性；有些特征可以精准测量，而有些特征则不能。研究要做到可信，就必须表明，如果在相似的语境中对相似的受访群体进行研究，也会得到相似的结果。定量研究的信度主要有三种类型：稳定性、等值性和内部一致性。①

(1) 稳定性信度

稳定性信度主要用于衡量定量研究在时间上和相似样本上的一致性程度。在定量研究中，如果研究者在一个适当的时间段进行一项测试，然后进行复测，会得到相似的结果，就说明该研究的稳定性信度比较高。在使用测试-复测方法的过程中，两次测试间隔的时间既不能太长而导致情境因素的改变，也不能太短而导致前测效应的存在。恰当的间隔时间一般用公式计算得到，以相关系数来表示前测和后测之间的信度，相关系数可以运用斯皮尔曼统计量、皮尔逊统计量或 T 检验进行计算。

(2) 等值性信度

等值性信度主要用于衡量定量研究在研究工具或评分者之间的一致性程度。测量等值性信度主要有两种方法：第一，可以通过使用一个测验或收集资料的研究工具的等价形式获得。第二，可以通过评分者之间的一致性获得。

(3) 内部一致性信度

内部一致性信度主要用于衡量测验或研究工具内部所有题目之间的一致性程度。测量内部一致性信度主要有两种方法：第一，分半法。分半法可以对内部一致性信度进行粗略的估计。第二，克龙巴赫 α 系数。克龙巴赫 α 系数是反映题目之间相关性的系数，即每个题目与所有其他相关题目的总体之间的相

① 刘易斯·科恩、劳伦斯·马尼恩、基思·莫里森：《教育研究方法》，程亮等译，华东师范大学出版社 2013 年版，第 209 页。

关。[①] 克龙巴赫 α 系数大于 0.7 则表明内部一致性信度比较高。

2. 效度

(1) 内部效度

内部效度是指推断两个变量之间存在因果关系的近似效度。因果效度是确定所研究的自变量和因变量之间是否存在因果关系的证据。因此,内部效度也被称为因果效度。

1) 影响单组设计内部效度的因素

影响单组设计的内部效度的主要因素如下:第一,历史。历史是指除了研究设计安排的处理事件以外的没有预料到的影响因变量的特殊事件,通常发生在对因变量的第一次测量和第二次测量之间。第二,成熟。成熟是指随着时间流逝在被试身上发生的作用或引起的生理、心理变化。第三,测试。测试是指一次测试对接下来的另一次测试的影响,即被试在第二次测试中的得分变化有可能是受到之前所参加的第一次测试的影响。第四,工具。工具是指测量手段发生的变化。测量手段不一致将导致错误的结果。第五,回归假象。回归假象是指极端分数趋向于均值移动的现象。[②]

2) 影响多组设计内部效度的因素

影响多组设计的内部效度的主要因素如下:第一,差别选择。差别选择是指在多组设计中未能随机分配或选择被试,从而引起的各组之间的不对等性。第二,附加交互作用。附加交互作用是指在多组设计中,内部效度的威胁因素互相交织从而产生复杂的偏差。第三,缺失。缺失是指个别被试没有完成结果测量或脱离实验的情况。[③]

(2) 外部效度

外部效度是指研究结果可以推广到不同总体的人群、情境、时间、结果和实验处理变式的程度。外部效度反映的是研究结果的可推广程度。

---

① 刘易斯·科恩、劳伦斯·马尼恩、基思·莫里森:《教育研究方法》,程亮等译,华东师范大学出版社 2013 年版,第 211~212 页。

② 伯克·约翰逊、拉里·克里斯滕森:《教育研究:定量、定性和混合方法》,马健生等译,重庆大学出版社 2015 年版,第 232~238 页。

③ 伯克·约翰逊、拉里·克里斯滕森:《教育研究:定量、定性和混合方法》,马健生等译. 重庆大学出版社 2015 年版,第 239~241 页。

外部效度主要包括以下类型：

第一,总体效度。总体效度是指从一项研究的样本推广到更大的目标总体,以及目标总体中不同亚群体的能力。总体效度包括两个维度:一个是从样本推广到目标总体,另一个是从样本推广到目标总体中不同类型的群体。例如,在一项研究中,目标总体是有阅读障碍的所有儿童,其中有阅读障碍的男童或女童就是这个目标总体的不同亚群体。从样本推广到更大的目标总体包括两个步骤:步骤一是先对更大的目标总体进行界定,然后再从这个目标总体中随机抽取一个尽可能代表目标总体的样本;步骤二是从样本的特征推断目标总体的特征。

第二,生态效度。生态效度是指将研究结果推广到不同环境的能力。例如,一项在软硬件条件比较薄弱的中小学环境中开展的研究,如果可以被推广到软硬件条件比较雄厚的中小学环境中,那么这项研究就具有一定的生态效度。换言之,只有当研究结果独立于所进行研究的环境时,生态效度才会存在。

第三,时间效度。时间效度是指将研究结果推广到不同时间的程度。由于大多数教育研究都是在一个特定时间范围内进行的,并假设研究结果可以跨越不同时间,尽管在收集数据的那段时间,研究结果是有效的,但研究者无法保证在若干年后,同样的研究结果仍然有效。因此,没有把时间变量考虑进去的研究会存在时间效度问题。

第四,处理变式效度。处理变式效度是指将研究结果推广到不同处理变式的能力。由于实验处理的实施会随着时间的改变而改变,因此研究就会面临着处理变式效度问题。例如,在运用某种疗法提高学生的注意力水平的研究中,需要确保实施这种疗法的专家是合格的,并在实施方式上是符合规定的。但在实际开展研究的过程中,专家们的能力和严格按照程序实施治疗的程度都存在着差异,这就会直接导致实施这种治疗的方式存在着巨大的区别。如果不同的治疗实施方式都能对提高学生的注意力水平取得积极的效果,那么这项研究就存在处理变式效度。如果只有当一个合格的专家按规定方式实施治疗才有效果,则该研究的处理变式效度就比较小。

第五,结果效度。结果效度是指将研究结果推广到不同但有关的因变量的能力。在研究某个自变量对一个或多个因变量的影响时,结果效度可以反映自变量影响若干相关结果测量的程度。[①]

(3)结构效度

结构效度是指在特定研究中能够准确地呈现高阶结构(如求助、教师压力、失读症)的程度。结构效度的获得依赖于对研究中所涉及的一些核心概念的清晰界定。教育研究中经常涉及一些概念,如暴力、教师职业倦怠等。如果对这些概念的界定比较抽象,缺乏可操作性,则研究实际测量概念的方式与研究希望呈现的高阶结构之间就会存在一定的结构效度问题。[②]

(4)统计结论效度

统计结论效度是指在研究中能够用来推断两个变量相关及相关程度的效度。统计结论效度主要涉及统计推断。研究者不仅需要对自变量和因变量之间是否存在关系做出推断,还要对自变量和因变量之间的关系强度做出判断。[③]

三、定量研究方法与定性研究方法的差异

在教育研究中,定量研究与定性研究存在着以下差异:

第一,研究者的角色不同。在定量研究中,研究者力求客观和价值中立,通常运用调查研究、实验研究等方法,以旁观者的身份对所收集的数据和资料进行整理和统计分析,研究者与资料分析相脱离,对研究结果有较少主观或人为影响。在定性研究中,研究者力求主观,通常运用深度访谈等方法,以参与者的身份对所收集的数据和资料进行理解、解释、分析和意义建构,研究者是资料分析的一部分,对研究结果有较大主观或人为影响。

第二,研究对象不同。定量研究的研究对象是独立于研究者之外的、客观存在的,在研究过程中被分解为几个组成部分,并能通过对这些组成部分的分析推断出整体情况。定性研究的研究对象是与研究者之间关系密切的、被研究者赋予主观色彩、成为研究过程的有机组成部分。

---

① 伯克·约翰逊、拉里·克里斯滕森:《教育研究:定量、定性和混合方法》,马健生等译,重庆大学出版社 2015 年版,第 241~245 页。

② 伯克·约翰逊、拉里·克里斯滕森:《教育研究:定量、定性和混合方法》,马健生等译,重庆大学出版社 2015 年版,第 245~247 页。

③ 伯克·约翰逊、拉里·克里斯滕森:《教育研究:定量、定性和混合方法》,马健生等译,重庆大学出版社 2015 年版,第 248 页。

第三，研究环境不同。定量研究的研究环境一般是人为创设的实验环境，需要对无关变量进行控制。定性研究的研究环境一般是自然的教育环境，无需对无关变量进行控制。

第四，研究目的不同。定量研究的目的在于发现人类教育行为或教育现象的一般规律，并对各种环境中的事物拓展广度和做出普遍性的解释，旨在对教育行为或教育现象的数量和特征做出描述和推断，主要回答的是“多少”和“到何种程度”的问题。定性研究的目的在于对特定教育现象做深度发掘，旨在发现现象发生的原因，主要回答的是“为什么”的问题。

第五，研究方法不同。定量研究通常使用结构化的研究方法收集数据和资料，如问卷调查法、实验研究法等。定量研究中使用的测量工具独立于研究者之外。定性研究一般使用非结构化的研究方法收集数据和资料，如焦点小组、深度访谈、民族志等。定性研究中使用的测量工具就是研究者本身。

第六，抽样方式和样本容量不同。在抽样方式上，定量研究常使用概率抽样，具体包括简单随机抽样、系统随机抽样、分层随机抽样等；定性研究常使用非概率抽样，具体包括配额抽样、滚雪球抽样等。在样本容量上，定量研究是通过对样本的统计分析来描述和推断总体的特征，因此需要有代表性的大容量样本；定性研究的样本容量则相对较小且选择相对灵活。

第七，研究程序不同。定量研究在研究程序上遵循的是演绎推理的过程，即基于某个已有理论建立研究假设，并根据研究假设对操作性定义进行界定和确定需要测量的变量，然后通过对变量测量结果的统计分析确认变量之间的关系，从而对研究假设进行证实或证伪的过程。定性研究在研究程序上遵循的是归纳推理的过程，即通过对所收集的、较为分散的原始教育数据和资料进行概括分析，在深度挖掘的基础上，建立概念之间的联系，并提升和建构相关理论的过程。（参见图 3-2）

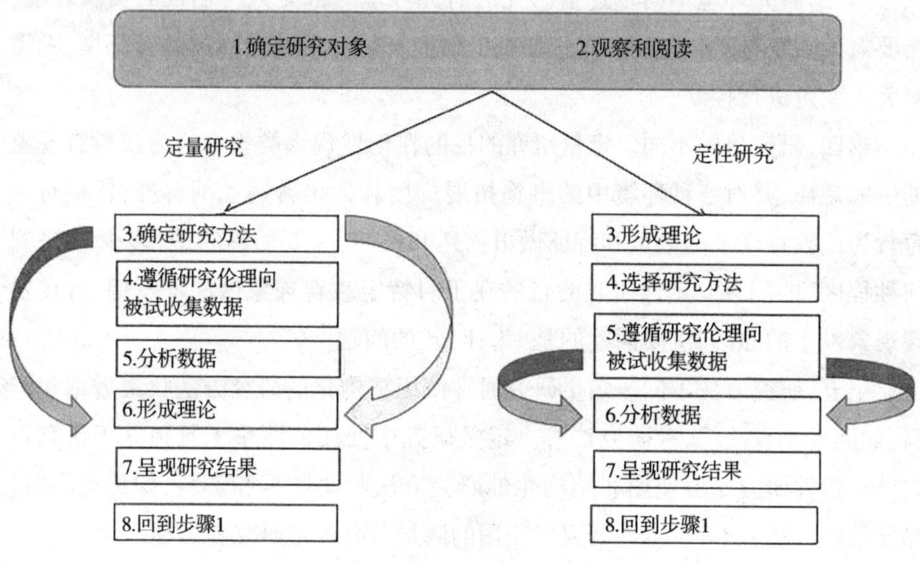

图 3-2　定量研究与定性研究的区别

第二节　描述研究法

一、描述研究法的概述

1. 描述研究法的内涵

描述研究法是指运用观察、调查等方法对教育现象、问题和事实是什么进行客观记录和真实描述的一种研究方法。描述研究法是定量研究方法中最基础的方法，主要通过收集和分析定量数据来对个体或现象的特定样本的特征进行准确描述。描述研究法一般是有计划、有目的、有方向的，具有系统性、结构性、全面性和样本容量较大的特点。

2. 描述研究法的目的

作为一种定量研究方法，描述研究法在教育研究中的目的主要在于对教育

现象做出详细的描述。描述研究法主要关注"是什么"的问题，旨在对教育研究的个体、事件或过程进行准确清晰的描述，重点在于描述的概括性和准确性。例如，描述研究法可以用于研究：某市中小学有多少家长对减负政策持支持态度？某中学校园欺凌发生的频率如何？描述研究法简单易行，而且准确清晰的描写可以为分析和解释教育现象提供重要信息。

3. 描述研究法的类型

描述研究法主要分为纵向研究与横断面研究两种类型，如图 3-3 所示。

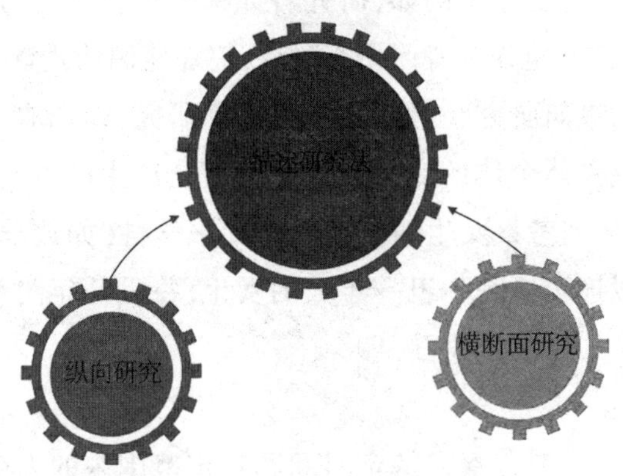

图 3-3　描述研究法类型图

（1）纵向研究

纵向研究是研究者考察样本从一个时间点到另一个时间点的某些特征变化或连续性的描述研究类型。纵向研究可以帮助研究者理解由于成熟或生活经验导致的个体变化或某些群体在一段时间内的共同变化。依据在不同时间点上选择要研究样本的不同，纵向研究可以分为趋势研究设计、队列研究设计和专门对象研究设计。

趋势研究设计是指从不固定的总体中，在每个数据收集点上选择不同样本来描述变化。例如，研究者如果要研究某市小学语文教师使用互联网开发课程资源的趋势，就可以将该市所有小学语文教师的名单作为总体，然后从中选择一个样本，向他们收集相关数据。由于新教师的加入和现有教师因各种原因离职，下一年度的成员名单就会发生变化。因此当名单变动后，可以从新的名单中重新选择一个新样本来收集相关数据。这样经过多年重复这个过程后,就可以得出一张反映语文教师使用互联网开发课程资源变化状况的图表。

队列研究设计是指从固定总体中,通过选择每一数据收集点的不同样本来描述变化。例如,研究者如果要研究某市在2000年获得教师资格证的初中数学教师的年工作状况,就要列出该总体所有成员的名单,并在每一数据收集点上随机从名单中选择一个样本。这样,虽然总体相同,但每年会有不同的个体被抽样。

专门对象研究是指在研究开始时就选择一个样本,之后每次收集数据时都要调查同一样本来描述变化。例如,研究者如果要对天赋能力进行研究时,就可以选定一群"天才"儿童作为专门研究对象,追踪他们从儿童期到成年期的发展。在抽样策略上,纵向研究经常使用定组追踪研究,即选取一个样本并一直跟踪这个样本,探究具体个体的变化以及这些变化产生的可能原因。例如,研究者如果运用纵向研究考察女生随着成熟对某一学科(如数学或科学)学习态度的变化,他们可以连续追踪一组一年级的女生,每隔几年测量一下她们的态度,直至她们完成十二年级的学习。①

(2)横断面研究

横断面研究是研究者考察在特定时间和特定范围内的人群某些情况的分布情况及相关因素的描述研究类型。横断面研究所收集的数据和信息是在某一特定时间内获取的,因此可以客观反映这一时间点的某些情况的现状分布及影响因素的情况。例如,某研究者进行的一项全国大学生就业情况的调查研究,就是针对某个特定时间点而言的。在抽样策略上,横断面研究经常选取代表不同发展阶段的样本,并在同一时间点上研究所有样本。例如,研究者如果运用横断面研究考察女生随着成熟对数学学习态度的变化,他们可以分别在几个年级选取女生样本,在一个特定的时间测量每一个样本对数学学习的态度。不同年级的平均分数间的差异可以用来解释女生随着成熟对数学学习态度的发展变化。②

---

① 梅雷迪斯·D.高尔、沃尔特·R.博格、乔伊斯·P.高尔:《教育研究方法导论》,许庆豫等译,江苏教育出版社2002年版,第311~313页。

② 梅雷迪斯·D.高尔、沃尔特·R.博格、乔伊斯·P.高尔:《教育研究方法导论》,许庆豫等译,江苏教育出版社2002年版,第314页。

二、描述研究法的实施步骤

描述研究法的实施要遵循定量研究的一般步骤。

1. 设计研究问题

在开展描述研究法的过程中，首先要确定所要研究的问题是什么，问题的提出是否有一定的理论依据和事实依据，研究是否具有可行性，研究的对象是什么等。对这些问题的思考和设计是顺利开展描述研究的重要前提。

2. 提出研究假设、研究问题和研究目标

研究假设通常建立在理论和以往研究成果的基础上，是对两个或更多变量之间关系的推测。如果理论或以往研究成果无法为研究假设的提出提供基础，那么教育研究者可以在描述研究中通过提出问题或研究目标的方式来引导自己的研究设计和方向。值得注意的是，无论研究假设、研究问题还是研究目标，都需要对变量之间的关系做出明确陈述。

3. 选择样本和测量工具

选择样本是描述研究法的重要步骤。描述研究法需要用一定的方法从总体中抽取一部分研究对象作为样本，对样本人群进行调查，并根据调查结果对总体的特征进行预估和推断。因此，样本需要有代表性，并包含足够的样本数量。抽样方法主要有概率抽样和非概率抽样。测量工具的类型和质量会对描述研究的结果产生影响。因此，研究者会不断完善已有测量工具或开发新的测量工具。测量工具的类型有很多，如标准化成绩测验、观察测量工具等。（详细内容参见第六章）

4. 收集和分析数据

为了从整体上描述一个样本，研究者会确定变量，并对变量进行测量，根据统计方法对测量所得数据或结果进行计算得出统计数字，如关于集中趋势的测量（平均数、中位数、众数）和关于差异量的测量（全距、标准差、方差）等，并把从样本统计分析得到的结果推论到对总体情况的说明。

下面这篇论文《我国高校大规模线上教学的阶段性特征——基于对学生、教师、教务人员问卷调查的实证研究》是描述研究法的一个应用案例。该论文发表于《华东师范大学学报(教育科学版)》2020年第7期,作者邬大光等在对全国范围内高校学生、教师、教务人员进行问卷调查的基础上,通过对数据的整理和分析,描述了我国高校线上教学的阶段性特征。该论文首先依据一定的事实提出了研究问题,介绍了研究工具,然后结合问卷调查收集的数据,从师生教学准备、教学平台支撑、教学平台的技术服务、线上教学模式和特点、线上教学效果、影响线上教学效果的因素等维度描述了我国高校线上教学的阶段性特征,最后针对这些特征提出了进行线上教学时应思考的几个关系。本书主要引用了该论文的第二部分,向读者展示如何运用统计学方法,遵循描述研究法的一般步骤对具体问题开展研究,并通过对数据的分析和挖掘,以图文并茂的方式描述样本所呈现的特征。

我国高校大规模线上教学的阶段性特征①

——基于对学生、教师、教务人员问卷调查的实证研究

邬大光　李　文

…………

二、大规模线上教学的阶段性特征分析

…………

(二)从教学平台支撑看,线上教学平台多而分散,且各种技术平台支撑水平参差不齐

线上教学的顺利推进有赖于稳定的教学平台支持。

…………

本次线上教学调查问卷共列举了19个主要教学平台,从调查结果看(如图1):教师使用教学平台非常多样,呈分散状态。按照使用频率从高到低排序依次是:学习通/超星尔雅(40.2%)、中国大学MOOC平台/爱课程(28.8%)、QQ直播(27.6%)、微信或企业微信(26.4%)、腾讯会议(22.2%)、腾讯课堂

① 邬大光、李文:《我国高校大规模线上教学的阶段性特征——基于对学生、教师、教务人员问卷调查的实证研究》,载《华东师范大学学报(教育科学版)》2020年第7期,第1~30页。

(21.3%)、钉钉(18.1%)、雨课堂/学堂在线(13.2%)、智慧树(6.9%)、ZOOM(4.6%)、畅课(2.3%)、国家虚拟仿真实验教学综合平台(0.6%)。再根据课题组对97所高校线上教学质量报告文本分析,结果显示:(1)97所高校一共使用了66种在线教学平台,其中高校/政府平台共11种,占比17%,市场化平台共55种,占比83%;(2)97所高校平均每校使用平台为6.9个;(3)50%以上高校都在使用超星、QQ、中国大学MOOC、钉钉、微信及腾讯会议,其中有75%的高校使用超星,为所有在线教学平台之首。调查结果说明,没有一家教学平台可以依靠自身的力量支撑起如此庞大的高等教育系统。

…………

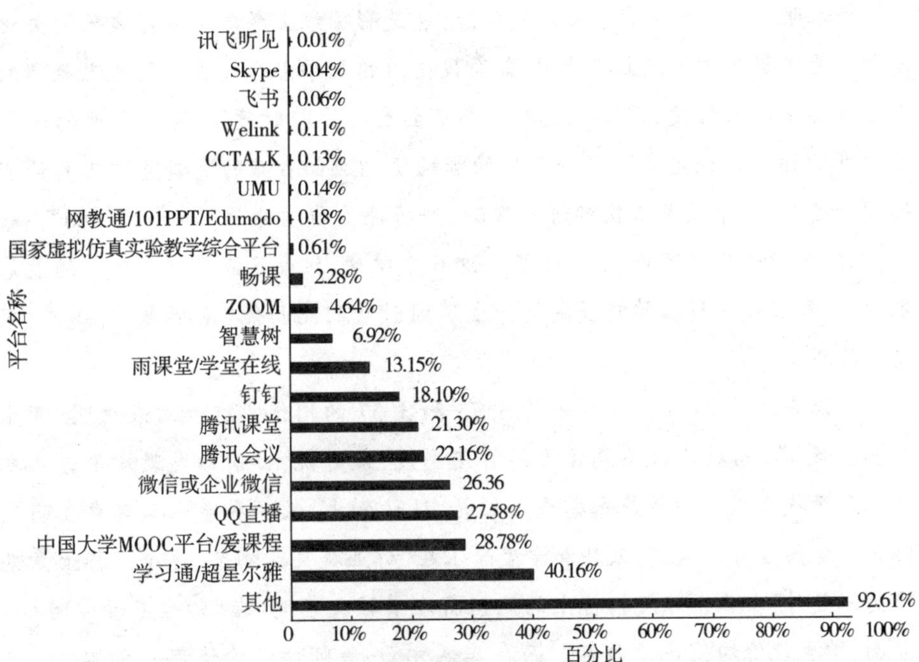

图1 教师经常使用的平台(%)

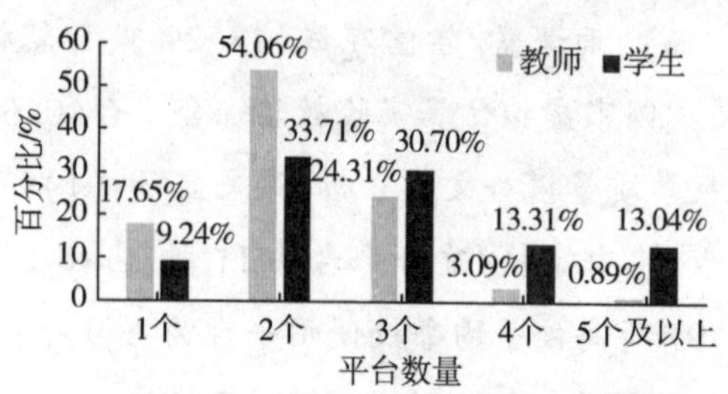

图2　每门课程利用教学平台数量情况分布(%)

(三)从教学平台的技术服务看,满足了最基本的教学需求,但支撑"以学生为中心"的教学需求有待进一步改进

技术服务是教学平台最基本的保障,也是影响线上教学和学习体验的关键要素。为了解在本次线上教学中,各高校使用的教学平台能否满足线上教学的需要以及满足的程度,课题组选择了"师生互动的即时度""网络速度的流畅度""平台运行的稳定度""作业提交的顺畅度""画面音频的清晰度""工具使用的便捷度"等6个最基本指标进行观测,并将评价程度分为"非常好""好""一般""不好"和"非常不好"5个等级。这6个维度,代表了满足线上教学的最基本要求,即在线课程教学能否满足师生不因时空阻隔而能"看得见、听得清、交流无障碍"。

从调查结果看,师生分别给予3.75和3.57的均值。这一结果说明,师生对各类教学平台技术服务总体上持肯定态度,或者说,目前各类教学平台基本上满足了线上教学的最基本需要。但是,从认知上,教师和学生二者存在明显偏差。从图3可以看出,教师和学生除了在"作业提交顺畅度"这个指标上意见较为一致外,在其余维度指标上的认识存在着较大不同:在"师生互动即时度"方面,学生评价均值高于教师。而在其他方面,教师评价均值都大于学生。可见,从教的视角看,教师更关心如何把教学内容平稳流畅地传递给学生;而从学的视角看,学生则更加关心互动是否得到及时反馈、有效反馈。从这一意义上说,将来教学平台的设计,不仅要考虑到教师能否有效地传递教学内容,更应考虑到如何以学生为中心,满足学生问题导向的学习需求。

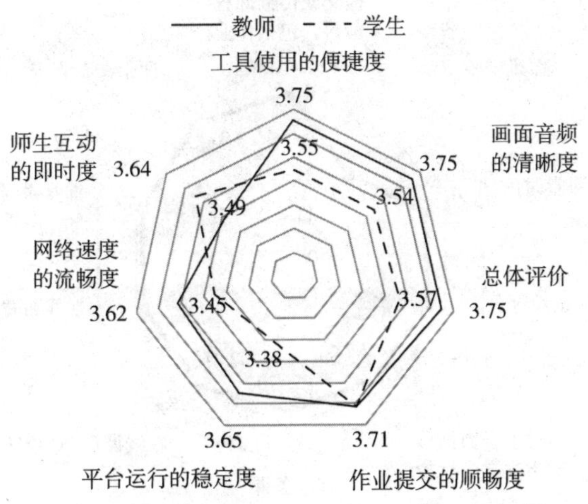

图 3 教师和学生对各种教学平台技术支持的总体评价(均值)

再看教师对于教学平台功能的评价。调查将教学活动分为"在线备课""课堂考勤管理""课堂讲授""在线课堂讨论""在线实验演示""在线教育测试及评分""在线布置批改作业""在线课后辅导答疑""提交或传输课程资料,包括作业"以及"通过电子数据分析学生学习行为"等 10 项基本活动,评价分为"完全满足""满足""一般""不能满足"和"完全不能满足"5 个等级。

从调查结果看,各类教学平台对各种教学活动的支持满足度均值均在 3.0 以上。按照满足度高低程度,依次为:"提交或传输课程资料,包括作业"(均值为 4.01)、"课堂考勤管理"(均值为 3.97)、"课堂讲授"(均值为 3.84)、"在线布置批改作业"(均值为 3.83)、"在线课后辅导答疑"(均值为 3.81)、"在线备课"(均值为 3.70)、"通过电子数据分析学生学习行为"(均值为 3.59)、"在线教育测试及评分"(均值为 3.55)、"在线课堂讨论"(均值为 3.49)、"在线实验演示"(均值为 2.47)(如图 4)。可以看出,除了在线实验演示外,各类教学平台均能够满足最为基本的课堂教学环节,包括:布置作业、考勤管理、课堂讲授、在线课后答疑辅导等。但随着课堂行为向高阶发展,如通过电子数据分析学生学习行为、在线教育测试及评分、在线课堂讨论等功能,各类教学平台的支撑程度就越来越弱了。

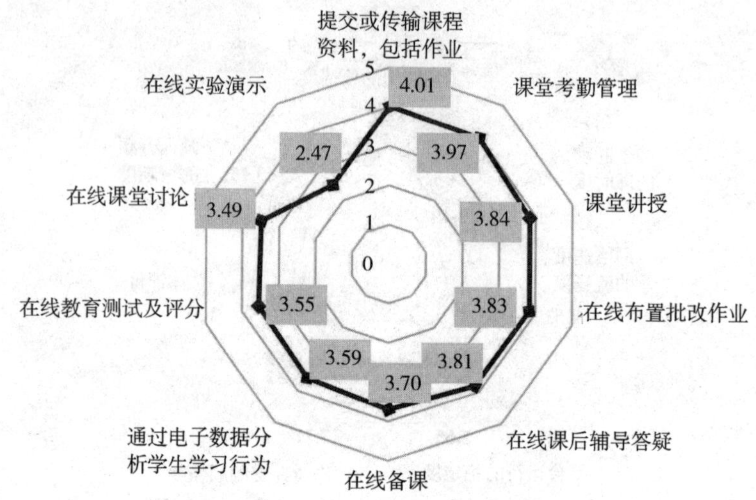

图 4　各类教学平台满足教学活动需求的评价(均值)

…………

第三节　关系研究法

一、关系研究法的概述

1. 关系研究法的内涵

关系研究法是研究者发掘不被研究者操纵的变量间可观察到的关系的研究。在教育研究中，仅对变量进行描述是不够的，研究者还希望揭示各个变量之间的关系及相互作用的程度。为此，在教育实验研究中，研究者经常通过对变量进行操纵和控制的方式影响被试，以此获得变量相关的证据。但在一些教育非实验研究中，由于研究对象是生活在复杂系统中的人，变量之间的关系也非常复杂，研究者难以对变量进行严格的操纵和控制，还可能涉及伦理道德问题。此外，许多变量囿于各种条件的限制，本身就是不可控制的因素。例如，性别、种族、民族、父母的教养方式、学习方式、人格特征、智力、天赋等。因此，在

实验研究难以涉及的领域，运用关系研究法对揭示变量间的关系具有积极的意义。关系研究不仅适应了教育研究的特殊性，也弥补了实验研究的不足，成为教育研究的主要研究类型之一。例如，父母的职业是否与学生选择专业存在关系就属于关系研究。

2. 关系研究法的目的

作为一种定量研究方法，关系研究法在教育研究中的目的不仅涉及描述现象，还涉及对不同教育现象间可能存在的因果关系的探讨。关系研究法旨在运用相关统计的方法了解导致某种复杂特征的相关因素或探索变量间是否存在因果关系，重点在于理解和探索。

3. 关系研究法的类型

关系研究法主要有两种类型：相关研究和因果比较研究。这两种关系研究的方法既有许多相同之处，也存在诸多差异。首先，它们都是非实验性的，都不需要对变量进行处理操作。其次，它们都研究变量间的关系。这两种方法主要在四个维度上存在差异：第一，二者之间的变量关系不同。在相关研究中，变量之间的关系是相关的，变量之间是彼此依存的、互相影响的、共变的。相关关系是双向的，因此，回归分析无须区分自变量和因变量。在因果比较研究中，变量之间的关系是因果的，一个变量随着另一个变量变化而变化。因果关系大部分是单向的，因此，回归分析中要确定自变量和因变量。第二，变量的类型不同。在相关研究中，变量均为随机变量。在因果比较研究中，只有因变量为随机变量。第三，研究目的不同。相关研究旨在揭示变量间关系的相关程度和方向。因果比较研究旨在用回归模型进行预测和控制。第四，分析方法不同。相关研究一般用相关系数进行分析。因果比较研究一般用格兰杰因果关系检验。

(1)相关研究

1)定义

相关研究是研究者用相关统计的方法揭示自然发生情况下变量之间关系的方向和程度的一种关系研究。相关研究在应用时，不进行随机分组，也不对条件加以严格控制，不操作和不控制研究变量，而是从自然环境中获取数据，主要采用相关分析思路与统计方法探讨变量之间的关系。相关研究在研究教育等社会科学领域中的现象或问题方面具有较强的适用性。

相关研究的目的主要是考察被测量变量的所有水平。例如,同年龄学生的成绩并不是呈现非高即低的二元分立般的存在,在二者之间还有许多学生的成绩呈现中等水平。因此,在相关研究中,要计算分析所有这些分数(高、中、低)与学生在其他变量(如性别、对待学校的态度等)上的分数之间的关系,而不是仅仅计算高分和低分部分。

2)相关系数

相关系数是用来研究变量线性相关程度的统计指标。相关系数最早是由著名统计学家卡尔·皮尔逊提出的,一般由字母 r 表示。相关系数主要用于反映两个或多个变量之间的关系的程度和方向。

相关系数的数值范围是在 -1 和+1 之间,即 $-1 \leqslant r \leqslant +1$。[①] 其基本性质如下:

当 $r > 0$ 时,表明两个变量之间存在正相关关系;

当 $r < 0$ 时,表明两个变量之间存在负相关关系;

当 $r = 0$ 时,表明两个变量间无线性相关关系或零相关;

当 $|r| = 1$ 时,表明两个变量间存在完全线性相关关系,即为函数关系;

当 $0 < |r| < 1$ 时,表明两个变量间存在一定程度的线性关系;

当 $|r|$ 越接近 1 时,表明两个变量间的线性关系越密切;

当 $|r|$ 越接近 0 时,表明两个变量间的线性关系越弱。

线性关系的密切程度可以分为三级:$|r| < 0.4$ 时,两个变量间为低度线性相关;$0.4 \leqslant |r| < 0.7$ 时,两个变量间为显著性相关;$0.7 \leqslant |r| < 1$,两个变量间为高度线性相关。

相关系数包括统计显著性和实际显著性。研究者可以通过对相关系数进行检验来确定它是否具有统计显著性。如果预测变量与某一个标准变量高度相关,它对改善教育实践会有所帮助,则这个相关系数具有实际显著性。例如,与学生学业成绩相关的能力测量就具有实际显著性。咨询人员可以根据学生的能力测量分数来鉴定那些需要特殊教育或天才教育的学生。相关研究重点在于理解和探索,所以无论所得到的相关系数高或低、正或负,都有助于理解所涉及的教育现象。因此,在关系研究中,相关系数的统计显著性的重要性要大

① 王孝玲:《教育统计学》,华东师范大学出版社 2001 年版,第 189 页。

于实际显著性。[①]

3)相关研究的优点和局限性

相关研究主要有以下优点:第一,相关研究可以帮助研究者在单一研究中分析两个以上变量之间的相互关系。相关研究使研究者一次分析两个以上变量间的关系成为可能。因为它能使研究者研究几个变量是如何影响一个特定行为模式的。例如,研究者想要研究中学教师的教学行为与中学生语文成绩之间的关系,就可以运用相关研究,记录一个观察周期内同一样本中的中学教师使用四种不同教学方法的情况。在观察的最后阶段给每一位教师使用的每种教学方法打分,并在观察前后对学生进行前测和后测。为了估计每一种方法预测学生英语成绩的程度,要计算每一个预测变量(某一种教学方法)和标准变量(学生观察后成绩)之间的相关系数。据此,研究者可以在这一项相关研究中得出四种教学方法的实际效果。第二,相关研究可以为研究变量之间相互关系的程度提供信息。相关研究让研究者不仅可以判断两个变量间是否存在关系,而且可以判断这种关系的程度。例如,在一项研究中研究者发现变量 A 和变量 B 之间的相关系数接近 1,就可以判断二者是高度相关的。

同时,相关研究也存在一些局限性。第一,在关系研究中得到的相关变量不能在相关变量之间建立因果关系。第二,使用相关统计方法确定与复杂行为模式或能力有关的变量,可能会面临一些挑战。例如,运用相关研究考察与成功校长有关的变量可能会遭遇失败,因为成功的校长之间缺乏一系列共有的特征。第三,囿于目前我们对复杂的行为模式知之甚少,对许多相关信息必须进行审慎分析和解释,才可能理解其所研究的复杂行为模式。例如,在一项有关校长领导力的研究中,在一组采用某种领导技术的校长中,某种人格特征与成功呈正相关,而在另一组采用不同领导技术的校长中,这种人格特征与成功则呈负相关。

(2) 因果比较研究

1)定义

因果比较研究是教育研究者揭示一个变量的变化趋于导致另一个变量变

---

① 乔伊斯·P. 高尔、M. D. 高尔、沃尔特·R. 博格:《教育研究方法实用指南》,屈书杰等译,北京大学出版社 2007 年版,第 213 页。

化的一种关系研究。因果比较研究主要适用于研究者考察难以用实验来操纵或无法用实验来操纵的变量的影响程度。

与相关研究不同,因果比较关系研究的主要目的是考察某个具体特征(一个自变量)不同的各组是否也在其他特征(一个因变量)上不同。例如,要考察学生在同辈群体中的声望(一个自变量)与学生学业成绩(一个因变量)的因果关系时,就可以将前者分为分数高的学生组与分数低的学生组,分别将每组中学生的声望与学业成绩进行比较。此外,在进行双生子研究时,研究者可以选取生活在不同环境中的同卵、异卵双生子与同胞兄弟姐妹进行长期追踪研究,考察他们智力发展与遗传、环境因素的关系。

2)两种主要的因果关系类型

因果关系分为两种不同的类型:因果关系描述和因果关系解释。因果关系描述旨在描述对自变量操纵的结果。因果关系解释旨在解释因果关系发生的条件。①

3)推断因果关系的条件

研究者在试图说明变量 *A* 的变化趋于导致变量 *B* 的变化时,应检视是否满足了三个必要条件。

条件一:关系条件。两个变量之间是相关的。两个不存在任何关系的变量不可能存在因果关系。相关性是推断因果关系的必要条件而不是充分条件。例如,假设研究者想要了解过度学习和学习成绩的关系。如果这两个变量之间没有关系,则自变量不会影响因变量。如果这两个变量之间有关系,则自变量会影响因变量,且二者之间可能存在因果关系。

条件二:时间先行条件。两个变量之间必须遵循正确的时间顺序。正确的时间顺序是原因在结果之前,即原因先于结果。也就是说,如果变量 *A* 趋于导致变量 *B* 的变化,那么变量 *A* 的变化必须发生在变量 *B* 之前。这就需要研究者对发生的时间顺序有所了解。

条件三:无可替代解释条件。变量 *B* 的变化是由变量 *A* 导致的,而不是由无关变量引起的。在进行研究时,研究者必须能够为一个变量如何影响另一个

---

① 伯克·约翰逊、拉里·克里斯滕森:《教育研究:定量、定性和混合方法》,马健生等译,重庆大学出版社 2015 年版,第 232 页。

变量提供理论解释和说明。为此，研究者必须在整个研究设计过程中时刻关注无关变量，以避免因果结论是由无关变量导致的。例如，引发学生学习成绩下降的因素有很多，研究者需要确定学生学习成绩的下降是由过度学习引起的，而不是由其他无关变量导致的，如花费过多时间玩网络游戏。

4）因果比较研究的优点和局限性

因果比较研究的优点主要有两个：第一，可以帮助研究者在难以或不可能进行实验操纵的条件下考察教育研究中变量间的因果关系。第二，可以帮助研究者在单一研究设计中考察变量间的因果关系。因果比较研究的局限性主要在于根据收集的数据有可能难以确定因果关系。

二、关系研究法的实施步骤

1. 相关研究的实施步骤

相关研究的实施需要遵循以下步骤：

步骤一：确定问题。相关研究的第一个步骤是确定研究需要测量的重要变量是什么。通过对已有研究进行文献综述分析，可以帮助研究者更高效地厘清变量之间的因果关系，更准确地确定研究需要测量的变量。

步骤二：选择被试。相关研究的第二个步骤是选择参与研究的被试。为了更准确地测量和分析变量之间的关系，选择特征相似的同质性被试非常重要。如果样本之间存在较大的差异和较高的异质性，变量之间的关系就会受到这种被试异质性的影响。

步骤三：收集数据。相关研究的第三个步骤是收集数据。相关研究的数据收集可以采用多元化的方法，如问卷、访谈、观察、测验等，但收集的这些数据必须是可以量化的。

步骤四：分析数据。相关研究的第四个步骤是对收集的数据进行分析。分析数据时，主要应计算变量间在两个维度上相关：研究现象的变量与研究现象相关的变量。

步骤五：做出解释。相关研究的第五个步骤是对数据分析的结果进行解释。计算出来的相关系数越多，解释的难度就越高。研究者主要通过强调在统计学上有显著意义的结果对解释任务进行简化。完整的解释也包括对具有不显著意义的结果进行解释。

2. 因果比较研究的实施步骤

因果比较研究的实施需要遵循以下步骤：

步骤一：陈述研究问题。因果比较研究的第一个步骤是对研究问题进行陈述。研究者可以基于以往的研究发现或自己的观察，推测出所研究教育现象的原因或结果。在确定原因或结果后，研究者需要将其转化为对研究问题的具体陈述。这种陈述一般以研究假设或研究目标的形式呈现。

步骤二：选择研究对象组。因果比较研究的第二个步骤是选择研究对象组。为了对研究结果做出有意义的解释，研究者需要明确界定研究对象组，使组内的样本具备研究的特征。

步骤三：选择对照组。因果比较研究的第三个步骤是选择对照组。研究者还需要选择一个对照组，使组内的样本不具备或具备较少的研究特征。选择对照组一般采用配对法或极端组方法。

步骤四：收集数据。因果比较研究的第四个步骤是收集数据。标准测验、问卷、访谈、自然观察等测量工具都适用于收集假设的因果关系数据。研究者一般会同时采用多种测量工具收集数据，分析假设性原因和假设性结果之间的关系。

步骤五：分析数据。因果比较研究的第五个步骤是对收集的数据进行分析。研究者进行数据分析时首先要计算每个对照组的描述性统计数字，如小组平均数和标准差。此外，研究者还要检验统计数字的显著性。显著性检验的方法主要有T检验、方差分析、非参数检验等。

步骤六：解释研究结果。因果比较研究的第六个步骤是对研究结果进行解释。

下面这篇论文《成就动机、家庭影响力及学业成就的关系研究》是关系研究法的一个应用案例。该论文发表于《教育学报》2007年第1期，作者张树东基于长春市六所样本学校的调查资料，探讨成就动机、家庭影响力和学业成就之间的相关关系。该论文首先确定了研究的问题，介绍了研究方法，包括被试的选择、收集数据的工具和程序、分析数据的方法等内容，然后对收集的数据进行了分析，最后对成就动机、家庭影响力和学业成就的各自影响因素及三者之间

是否存在相关关系做出了解释。本书主要引用了该论文结果与分析部分的内容,向读者展示如何运用统计学的相关理论,遵循相关研究的一般步骤对具体教育问题开展研究。

成就动机、家庭影响力及学业成就的关系研究①

张树东

…………

三、结果与分析

(一)家庭影响力各项因素的相关情况

表1和表2分别以小学,初中,高中和总体为单位将各项因素作了相关分析。

…………

2. 父母对子女的感情与其他因素的关系

在各个群体中(总体、小学、初中和高中)父母对子女的感情与其他各项的相关关系基本上表现出相同的规律,即父母对子女的感情除了与父母对子女的教育目标无关外,与其余各项的相关都达到了显著水平。

3. 父母对子女的关心与其他因素的关系

在各个群体中(总体、小学、初中和高中)父母对子女的关心与其他各项的相关关系基本上表现出相同的规律,即父母对子女的关心除了与父母对子女的教育目标无关外,与其余各项的相关都达到了显著水平。

4. 父母对子女的总的态度与其他各项因素的关系

父母对子女的总的态度与其他各项因素的关系在各个群体(总体、小学、初中和高中)中基本上表现出相同的规律,即父母对子女的总的态度除了与父母对子女的教育目标无关外,与其余各项的相关都达到了显著水平。

5. 父母对子女的教育目标与其他因素的关系

父母对子女的教育目标与其他各项因素的关系在各个群体(总体、小学、初中和高中)中基本上表现出相同的规律,即父母对子女的教育目标与父母的总

① 张树东:《成就动机、家庭影响力及学业成就的关系研究》,载《教育学报》2007年第1期,第59~65页。

的教育方式及其另外两个因素之间都有显著的相关关系,与父母对子女的态度及其三个因素之间的相关关系都没有达到显著水平。

6. 父母对子女的教育方法和父母对子女的管理模式与其他各项因素的关系

父母对子女的教育方法和父母对子女的管理模式与其他各项因素的关系,在各个群体(小学、初中、高中和总体)中都呈现出大致相同的特点,即它们与父母对子女的期望无关,与其他各项因素之间都有显著的相关关系。

7. 父母对子女的总的教育方式与其他各项因素的关系

父母对子女的总的教育方式与其他各项因素的关系,在各个群体(小学、初中、高中和总体)中都呈现出大致相同的特点,即它们只与父母对子女的期望无关,与其他因素都有显著的相关关系。但是,在小学,它们则与父母对子女的期望有显著的相关关系。

表 1　小学和初中各项因素间的相关

	相关	期望	感情	关心	父总态度	母总态度	教育目标	教育方法	管理模式	父总教育方式	母总教育方式	相关	
	A	—	0.4395***	0.1521*	0.6978**	0.7259***	-0.0338	0.0595	0.126	0.0546	0.0537	A	
	B	0.2536**	—	0.1725*	0.7973**	0.7394**	-0.0198	0.2382*	0.2744***	0.2721***	0.2581***	B	
	C	0.1528*	0.2830***	—	0.3917***	0.3620***	0.0602	0.3947***	0.3513***	0.0459	0.0204	C	
	SUM1	0.6046***	0.6933***	0.6553***	—	0.7939***	-0.0126	0.3141***	0.3860***	0.3432***	0.2823***	SUM1	
小学	SUM2	0.6162***	0.6714***	0.6188***	0.7404***	—	0.012	0.3109***	0.3219***	0.28539***	0.3248***	SUM2	初中
	D	0.0326	0.1002	0.1264	0.1317	0.1159	—	0.0965	0.2512***	0.4494***	0.4042***	D	
	E	0.0635	0.3967***	0.3261***	0.3658***	0.3026***	0.1790***	—	0.5512***	0.6577***	0.6869***	E	
	F	0.1733*	0.3674***	0.3664***	0.4131***	0.4032***	0.1681*	0.4125***	—	0.7468***	0.7396***	F	
	SUM3	0.1691*	0.4623***	0.3289***	0.4432***	0.3702****	0.5164***	0.6923***	0.7106****	—	0.7537***	SUM3	
	SUM4	0.1570*	0.3758***	0.3401***	0.3779***	0.3985****	0.5246***	0.7053***	0.6807***	0.8183***	—	SUM4	

注:A 为父母对子女的期望;B 为父母对子女的关心;C 为父母对子女的感情;D 为父母对子女的教育目标——培养独立或依赖;E 为父母对子女的教育方法——重批评或重表扬;F 为父母对子女的管理模式——专断式或民主式;SUM1 为父亲对子女的态度;SUM2 为母亲对子女的态度;SUM3 为父亲对子女的教育方式;SUM4 为母亲对子女的教育方式。

* 为<0.05,** 为<0.01,*** 为<0.001,**** 为<0.0001。下同。

表 2 高中和总体各项因素间的相关

	相关	A	B	C	SUM1	SUM2	D	E	F	SUM3	SUM4	相关	
高中	A	—	0.4625***	0.2315***	0.7462***	0.7623***	-0.0003	0.1584**	0.1961***	0.1196	0.1035	A	总体
	B	0.1835*	—	0.3102***	0.7638***	0.7567***	-0.0012	0.3705***	0.1736***	0.3285***	0.3029***	B	
	C	0.1029	0.4281***	—	0.4102***	0.3675***	0.0224	0.3491***	0.2631***	0.2760***	0.0625	C	
	SUM1	0.5502***	0.7495***	0.6358***	—	0.2588***	0.0423	0.3945***	0.3883***	0.4007***	0.2942***	SUM1	
	SUM2	0.5737***	0.6382***	0.5371***	0.3102***	—	0.0219	0.3925***	0.3849***	0.3102***	0.3943***	SUM2	
	D	0.1594	0.0028	0.1146	0.1636*	0.0886	—	0.095	0.2016***	0.3903***	0.3849***	D	
	E	0.0088	0.329	0.4827***	0.4015***	0.3372***	0.1748*	—	0.4793***	0.7199****	0.6047***	E	
	F	0.1089	0.1967**	0.4119***	0.3315***	0.2516***	0.3967***	0.2214***	—	0.8029**	0.8060***	F	
	SUM3	0.1044	0.2604***	0.4315***	0.3461***	0.3303***	0.5685***	0.7588***	0.8076***	—	0.2768***	SUM3	
	SUM4	0.0863	0.1812**	0.2719***	0.3285***	0.3569**	0.5340***	0.6720***	0.8231***	0.3846***	—	SUM4	

…………

(三)家庭影响力及成就动机各因素在不同年级之间的差异

我们分别考察了初中、小学、高中在各个因素上的得分差异,结果表明,成就动机及其三个子项目,父母的教育方式及其三个维度和父母对子女的态度及其三个维度,各年级之间都是无差异的,即几个因素无年龄差异。

(四)各学校间各种因素的差异

在小学和高中,一般学校,中等学校,重点学校各因素之间无差异。在初中,中等中学和一般中学的学生在父母对子女的关心因素上有差异,中等中学学生的父母对子女更关心,重点中学和一般中学学生的父母对子女的关心无差异。一般中学、中等中学的学生的母亲的教育方式比重点中学的学生的母亲的教育方式积极,重点中学与中等中学和一般中学相比更注意独立性的培养。

(五)各学校成就动机前后25%的学生各因素的差异

我们对每所学校的成就动机前后25%的学生在各个因素上的得分进行了T检验,结果表明:成就动机的高低与父母对子女的态度和父母对子女的教育方式没有关系,但是,与学习成绩则有显著相关关系。

…………

第四节　实验研究法

一、实验研究法的概述

1. 实验研究法的内涵

实验研究法是研究者按照研究目的，合理控制变量或创设一定条件，人为影响研究对象，验证研究假设，考察两个或多个变量之间因果关系的一种定量研究方法。

2. 实验研究法的目的

实验研究法的目的主要是考察变量间的因果关系。在教育研究中，实验研究法主要是运用科学实验的原理和具体方法来研究教育现象和问题，考察教育过程中与教育相关的自变量对因变量的影响，并揭示教育活动的规律性或教育内容实施的有效性，其目的不仅涉及描述教育现象，还要操纵这些现象并确定它们之间的因果关系，即考察自变量对因变量的影响。在各种定量研究方法中，实验研究法提供了关于因果关系假设的最严密的测验。研究者在实验的背景下客观地观察在受到严格控制环境下发生的现象，在这种环境中存在一个或多个不同的变量，而其他变量保持恒定。

3. 实验研究法的变量控制

实验研究法的变量控制包括操纵自变量和控制无关变量。

(1)操纵自变量

在实验研究中，研究者通过操纵自变量来引起因变量的变化。操纵自变量主要有几种不同的方式：第一种是在场或不在场的方法。这种方法是将研究被试分为实验组和对照组，前者接受处理，后者不接受处理。例如，研究者认为复习课是影响中学生英语测试成绩的重要变量，可以让一组中学生上完一次复习课后参加英语测试，让另一组中学生在没有上复习课的情况下参加相同的英语

测试。第二种方式是数量方法。这种方法是在几组被试中实施不同数量的自变量。例如,研究者认为疲劳是影响中学生记忆效果的重要变量,可以把疲劳自变量水平作为参考,确定中学生个体从事某种体育活动的时长。在开展记忆效果研究时,第一组中学生不参加体育活动,第二组中学生从事 1 小时体育活动,第三组中学生从事 2 小时体育活动,第四组中学生从事 3 小时体育活动。第三种方式是类型方法。这种方法是为被试创设不同的条件类型。例如,研究者认为记忆方法的类别是影响中学生记忆效果的重要变量,可以设置一组中学生运用机械记忆法记忆指定材料,设置另一组中学生运用编故事记忆法记忆指定材料。①

(2)控制无关变量

控制无关变量的方式主要有以下几种:第一,随机分配法。随机分配法是指教育实验研究的被试选择、实验处理顺序设置等环节随机进行,不受主观因素影响。第二,抵消法。抵消法是让相同的被试在教育实验前后分别接受几种不同的实验处理,以使练习、适应等无关变量效应相互抵消。第三,恒定法。恒定法是保持无关变量效应在教育实验前后的一致性。第四,消除法。消除法是在教育实验研究中剔除无关变量,从而避免无关变量对实验结果产生影响。第五,平衡法。平衡法是教育研究者在教育实验研究中借助设置对照组和实验组的方式,将所有无关变量以相同的方式分别作用于这两个组别,使其对两个组别产生的影响相同,并由此平衡无关变量的实验影响。实验结束后,通过比较对照组和实验组教育实验效果的差异,分析出自变量和因变量之间是否存在因果联系。②

4. 实验研究的分类

依据不同的分类标准,实验研究可以分为不同类型。

(1)实验室实验和自然实验

这是根据教育实验的场所和情境划分的实验类型。实验室实验是指在人

---

① 伯克·约翰逊、拉里·克里斯滕森:《教育研究:定量、定性和混合方法》,马健生等译,重庆大学出版社 2015 年版,第 268 页。

② 伯克·约翰逊、拉里·克里斯滕森:《教育研究:定量、定性和混合方法》,马健生等译,重庆大学出版社 2015 年版,第 269~276 页。

为创设的条件下进行的实验。实验室实验需要控制自变量和无关变量,运用适当的仪器,费用较高,时间较短,可重复验证,研究结果旨在准确揭示自变量和因变量之间的共变关系,常用于探讨教育理论问题。自然实验是在自然的教育情境下进行的实验。自然实验在真实环境中进行,不能严格控制无关变量,可持续进行较长时间,易于推广实验成功经验,外在效度相对较高,研究结果旨在解决教育实践中的问题,常用于探讨教育实际问题。

(2)探索性实验和验证性实验

这是根据教育实验的目的和功能划分的实验类型。探索性实验是为了探索一个开创性的新的教育理论或实践问题而进行的实验。探索性实验有科学的理论假设、严格的条件控制、规范的实验程序和对数据的统计分析,寻求较大的内部效度和对实验结果的科学解释,常用于研究教育理论问题。验证性实验是以检验、修订和完善已取得的实验成果为目标的实验。验证性实验具有可重复性,是在不同的环境条件下进行的,对实验条件有明确分析,实验方案有可操作性。验证性实验寻求较高的外部效度,关注实验结果的普遍性,常用于研究教育的实践问题。

(3)单因素实验和多因素实验

这是根据施加教育实验因素的数量划分的实验类型。单因素实验是在实验中只施加一种实验因素的实验。多因素实验是在实验中施加两种或两种以上实验因素的实验。

(4)前实验、准实验和真实验

这是根据教育实验的控制程度和效度高低划分的实验类型。前实验设计是指无法控制无关变量,但能操纵自变量的实验设计。严格意义上讲,前实验设计并不属于实验设计,它是真实实验设计的组成部分,用来识别自然存在的临界变量及其关系。准实验设计是指在真实的教育情境中,无法控制无关变量,无法运用随机抽样的方式对被试进行选择和分派,但能操纵自变量的实验设计。准实验设计通常的实验单位是自然教学班。真实验设计是指自变量、因变量和无关变量在实验中都受到严格控制的实验设计。真实验设计设有一个实验组(控制组),运用随机抽样的方式对被试进行选择和分派,可以对自变量进行有效操纵,对无关变量也能进行较好的控制。

5. 实验研究法的优缺点

实验研究法主要具有以下优势:第一,可明确区分自变量和因变量,考察二者之间是否存在因果关系,实验研究的结果相对客观、准确、可靠,能为理论的构建提供佐证和说明,具有比较严谨的逻辑性。第二,能对无关变量进行控制,提高研究的信度,研究时间较短,成本较低,可以重复论证。

实验研究法主要有以下缺点:第一,容易受研究者主观因素的影响和实验条件的限制,研究者人为营造的实验条件,远离现实情境的自然状态,得出的实验结果不一定是现实结果,会降低外部效度,应用范围有限,有些问题难以用实验研究的方法研究。第二,只适合研究自变量数目少且便于操作的研究内容,样本容量有限,还有可能存在抽样误差。

二、实验研究法的实施步骤

1. 实验的准备

实验准备阶段,研究者主要进行三方面的准备工作:第一, 陈述研究问题,提出研究假设。研究者应使用简明扼要的文字描述所要研究的问题。同时,研究者还应通过提出研究假设对变量之间可能存在的因果关系做出推测。第二,确定自变量、因变量和无关变量。首先,研究者应对自变量进行界定。为了界定自变量,研究者需要选择被试并形成被试组,确定对各组采用何种实验方式,通过给自变量下操作性定义明确观察和测量的对象。其次,研究者应对因变量进行测量。为了测量因变量,研究者需要选择合适的测量工具和统计方法,构建因变量的测量和分析指标。最后,研究者应对无关变量进行控制。为了控制无关变量,研究者需要采用适当的方法消解无关变量对研究结果的影响,以提高实验研究的效度。第三,进行实验设计。进行实验设计首先要选择实验设计类型,制定实验方案。同时,也要明确实验目的,确定指导实验的理论框架。此外,在明确实验目的基础上,还要阐明实验研究的方向、范围,以及收集、分析和解释数据的方式。

2. 实验的实施

在实验的实施阶段,研究者需要按照预先设计的实验程序,对被试进行实验处理,观察和测量实验结果,并对获取的资料和数据进行记录等。

3. 实验的总结推广

在实验的总结推广阶段，研究者主要在整理、分析和解释实验中获取的资料和数据的基础上，检验研究假设是否成立，并得出结论，然后撰写研究报告，交流和推广学术研究成果。

下面这篇论文《不同教学方法激发与调节大学生学业情绪的教育实验》是实验研究法的一个应用案例。该论文发表于《心理发展与教育》2010 年第 4 期，作者马惠霞等以天津某高校大二年级三个教学班为被试班级，通过对实验组和对照组开展三种不同教学模式的实验的结果分析，来探讨不同教学方法在激发与调节大学生学业情绪中的效果。该论文首先介绍了研究方法，包括被试的选择、研究工具的编制、研究设计和研究程序、实验的实施过程等有关实验准备和实施的内容，然后对实验结果进行了比较分析，最后对研究结果进行了讨论。本书主要引用了该论文的研究结果和讨论部分的内容，向读者展示如何遵循实验研究的一般步骤对具体问题开展研究，并通过对实验中获取的数据和资料的分析和解释，验证研究假设并得出结论。

不同教学方法激发与调节大学生学业情绪的教育实验①

马惠霞　林　琳　苏世将

…………

3. 研究结果

3.1 实验前各组学生的学业情绪水平比较

采用克-瓦氏单向方差分析对实验前三组学生学业情绪的水平进行了比较，结果见表 1。

① 马惠霞、林琳、苏世将：《不同教学方法激发与调节大学生学业情绪的教育实验》，载《心理发展与教育》2010 年第 4 期，第 384~389 页。

表 1 实验前各组学生的学业情绪水平的比较

	对照组 $M\pm SD$	实验组 1 $M\pm SD$	实验组 2 $M\pm SD$	χ^2
焦虑	41. 88±8. 83	45. 38±8. 75	45. 20±5. 83	1. 85
厌烦	32. 38±8. 86	36. 88±6. 50	40. 20±4. 17	12. 12**
放松	29. 04±7. 06	30. 12±5. 06	29. 56±4. 12	0. 45
失望	23. 27±5. 86	25. 58±5. 00	25. 20±3. 50	3. 35
自豪	28. 92±7. 00	29. 00±4. 14	27. 96±4. 08	1. 92
羞愧	21. 31±4. 14	21. 50±3. 59	23. 00±3. 81	3. 29
愉快	24. 77±5. 74	23. 65±3. 06	22. 68±2. 46	5. 09
希望	26. 81±4. 80	25. 46±3. 40	25. 60±3. 87	2. 40
气愤	17. 00±3. 53	15. 46±2. 76	15. 92±2. 52	4. 59
兴趣	15. 15±4. 32	15. 35±2. 70	13. 16±2. 64	3. 74

注：** $p<0.01$，* $p<0.05$。下同。

从表 1 可以看出，实验前各组学生的学业情绪在厌烦维度上有显著差异，实验组 1、实验组 2 的厌烦得分均显著高于对照组，其余各维度上均无显著差异。

3. 2 实验前后归因训练干预效果的检验

为检验实验组 1 中对学生归因训练干预的执行情况，采用威尔克松检验比较了该组学生实验前后归因风格各维度的得分，结果见表 2。

表 2 实验组 1 归因训练干预效果的检验

	前测 $M\pm SD$	后测 $M\pm SD$	Z
能力	12. 77±3. 25	10. 85±3. 50	2. 59*
努力	17. 69±2. 51	16. 23±4. 24	1. 40
情境	8. 85±3. 65	11. 73±3. 51	−3. 61**

续表

	前测 $M \pm SD$	后测 $M \pm SD$	Z
运气	10. 77±4. 58	14. 08±4. 29	−2. 40*
内向性	30. 46±4. 79	27. 08±5. 90	2. 30*
外向性	19. 62±6. 46	25. 81±6. 46	−3. 36*

从表 2 可以看出,该组学生在接受归因训练干预前后,归因风格得分除努力维度无显著差异外,其余各维度均有显著差异。学生在归因训练后,将失败的原因归因由先前的能力转向运气、情境等外部的、不稳定的因素。

3. 3 实验前后各组学生学业情绪水平的比较

为比较实验前后各组学生的学业情绪水平,分别对 3 组学业情绪的前测、后测结果进行了威尔克松检验,结果见表 3、表 4 和表 5。

表 3 传统教学模式组学生学业情绪水平的前后比较

	前测 $M \pm SD$	后测 $M \pm SD$	Z
焦虑	41. 88±8. 83	41. 23±8. 64	0. 22
厌烦	32. 38±8. 86	29. 92±7. 00	1. 12
放松	29. 04±7. 06	32. 15±4. 78	−1. 22
失望	23. 27±5. 86	21. 62±4. 24	0. 90
自豪	28. 92±6. 98	30. 35±4. 61	−1. 05
羞愧	21. 31±4. 14	20. 31±4. 70	0. 62
愉快	24. 77±5. 74	24. 58±3. 43	0. 32
希望	26. 81±4. 80	28. 27±3. 16	−1. 40
气愤	17. 00±3. 53	15. 85±3. 11	1. 47
兴趣	15. 15±4. 32	16. 54±3. 55	−0. 62

从表 3 可以看出,在实验前后传统教学模式组学生学业情绪各维度均无显著差异。

表 4 实施归因训练干预组学生学业情绪水平的前后比较

	前测 $M \pm SD$	后测 $M \pm SD$	Z
焦虑	45.38±8.75	39.54±8.38	2.48*
厌烦	36.88±6.50	29.58±7.11	4.00**
放松	30.12±5.05	34.46±4.50	−2.99**
失望	25.58±4.99	19.12±4.33	3.87**
自豪	29.00±4.14	32.81±4.83	−3.05**
羞愧	21.50±3.59	20.19±4.47	1.28
愉快	23.65±3.06	24.04±3.18	−0.62
希望	25.46±3.40	27.19±4.66	−1.59
气愤	15.46±2.76	13.77±2.50	2.01*
兴趣	15.35±2.70	17.23±2.52	−3.21**

从表 4 可以看出，实验组 1 在有效执行归因训练干预的情况下，学生学业情绪在焦虑、气愤、放松、自豪、厌烦、失望和兴趣 7 个维度上有显著差异，其中放松、自豪、兴趣等几种正性情绪得分均有显著提高，焦虑、气愤、厌烦、失望等几种负性情绪得分均有显著下降；在羞愧、希望和愉快 3 个维度上均无显著差异，但也表现出了正性情绪得分提高、负性情绪得分下降的特点。

表 5 活动教学模式组学生学业情绪水平的前后比较

	前测 $M \pm SD$	后测 $M \pm SD$	Z
焦虑	45.20±5.83	39.96±5.93	2.61**
厌烦	40.20±4.17	32.24±6.19	3.92**
放松	29.56±4.12	30.64±5.89	−0.95
失望	25.20±3.49	23.16±5.54	1.35
自豪	27.96±4.08	29.88±6.60	−0.98
羞愧	23.00±3.81	19.84±4.61	2.75**
愉快	22.68±2.46	25.96±3.27	−3.34**

续表

	前测 $M\pm SD$	后测 $M\pm SD$	Z
希望	25.60±3.87	27.24±5.24	-1.48
气愤	15.92±2.52	15.12±3.36	0.99
兴趣	13.16±2.64	16.08±3.48	-3.16**

从表5可以看出，实验组2在活动教学模式下，学生学业情绪在焦虑、羞愧、厌烦、愉快和兴趣5个维度上均有显著差异，其中愉快、兴趣得分均有显著提高，负性情绪焦虑、羞愧、厌烦得分均有显著下降；在失望、放松、自豪、希望和气愤5个维度上均无显著差异，但也表现出了正性情绪得分提高、负性情绪得分下降的特点。

3.4 不同教学法对学生学业情绪水平影响效果的比较

为比较三种教学方法对学生学业情绪水平的影响效果，对学业情绪的变化值（后测得分—前测得分）进行克–瓦氏单向方差分析，结果见表6。

表6　各组学生学业情绪水平变化值的比较

	对照组 $M\pm SD$	实验组1 $M\pm SD$	实验组2 $M\pm SD$	χ^2
焦虑	-0.65±10.00	-5.85±10.91	-5.24±8.58	4.40
厌烦	-2.46±11.77	-7.31±6.43	-7.96±6.75	4.88
放松	3.12±8.52	4.35±6.07	1.08±8.43	2.25
失望	-1.65±7.29	-6.46±6.07	-2.04±6.62	9.02*
自豪	1.42±7.41	3.81±5.04	1.92±7.04	2.40
羞愧	-1.00±6.89	-1.31±5.52	-3.16±4.80	1.35
愉快	-0.19±6.15	0.38±3.75	3.28±3.76	8.21*
希望	1.46±4.94	1.73±6.33	1.64±6.08	0.13
气愤	-1.15±3.95	-1.69±3.86	-0.80±3.93	0.32
兴趣	1.38±6.24	1.88±2.37	2.80±3.44	2.83

从表6可以看出，实验后各组学生的学业情绪在愉快和失望2个维度上有

显著差异，其余各维度均无显著差异。通过两两比较发现，实验组 1 在失望维度上的得分显著低于对照组和实验组 2（$p<0.05$），实验组 2 在愉快维度上的得分显著高于对照组和实验组 1（$p<0.05$）。

4. 讨论

…………

比较三组学生实验前后的学业情绪水平发现，传统教学组学业情绪各维度上均无显著性变化，而实验组 1、实验组 2 在实施干预后其学业情绪各维度均向积极方向转化，即正性情绪水平均有提高，负性情绪水平均有所下降。并且实验前实验组 1 和实验组 2 的厌烦情绪水平显著高于传统教学组，但是实验后两组的厌烦水平已与传统教学组无显著差异了。说明了无论是归因训练干预还是活动教学模式都能有效地调节和增进大学生的学业情绪。另外两种教学模式的作用各有侧重。归因训练更侧重于改变学生的认知，而活动教学模式则侧重于通过调动和激发学生的兴趣，来引导和发挥学生课堂中的主要情绪对教学活动的积极作用（郭德俊，田宝，陈艳玲，周鸿兵，2000），这也可能是两种教学方法在不同情绪上效果不一致的原因。同时，两者在时效性上可能也会有些差异，活动教学模式可能对即时的情绪会有更好的效果，这还有待于进一步的研究提供证据。

本研究中无论是归因训练干预，还是活动教学模式，它们对大学生学业情绪的影响效果还仅仅是在教学中的初步尝试。今后的研究中还应考虑实验设计的不断完善。

…………

理论思考与实践应用

1. 为什么要学习教育定量研究方法？
2. 教育定量研究方法的定义与主要类型是什么？
3. 教育定量研究方法对开展教育教学有哪些意义？
4. 教育定量研究方法的本质是什么？
5. 教育描述性研究法、关系研究法与实验研究法有何联系与区别？
6. 教育定量研究方法与定性研究方法有何联系与区别？

第四章　教育研究的定性研究方法

内容提要

定性研究是教育研究的研究范式之一。本章分为五部分，第一部分主要从内涵、特征、相关问题等方面对定性研究方法进行概述；第二部分到第五部分主要从概述和实施步骤两个维度对几种常见的定性研究方法进行介绍。

层次结构图

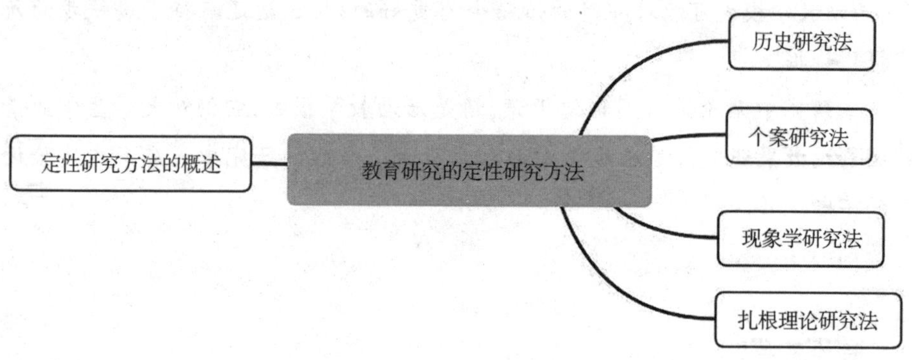

学习指导

1. 了解定性研究的特征。
2. 了解定性研究中的常见问题。
3. 理解不同定性研究方法的优缺点。
4. 掌握不同定性研究方法的实施步骤。
5. 灵活运用不同的定性研究方法进行教育研究。

第一节 定性研究方法的概述

一、定性研究方法的内涵

定性研究方法是对被作为个案的特定研究对象的特征进行深入和实地的探究,以发现其意义的本质为主要目的研究方法。

定性研究方法起源于美国,根植于美国早期的社会学和人类学研究,并与英国和法国的知识传统有关。[①] 大部分定性研究方法都基于解释主义认识论。依据解释主义的认识论,社会现实是由参与者生成的一系列意义组成的。定性研究方法的发展在某种程度上源于对实证主义的反抗,采用的是代表非西方文化视角的更自然地认识事物的方法。定性研究者一般对概化和推广不感兴趣,但扎根理论研究方法例外。

二、定性研究方法的特征

定性研究方法具有以下几个特征[②]:

1. 自然主义

定性研究方法是在自然情境中进行的。定性研究方法的重要资料来源于自然情境,处于自然情境中的研究者本身也是研究工具。例如教育定性研究者携带录音或录像设备,或只携带纸笔进入自然情境,通过参与式观察将大量时间用于一所学校中,从自己的视角出发对小学生人际交往能力如何形成的相关资料进行收集和分析。

---

① 罗伯特·C.波格丹、萨莉·诺普·比克伦:《教育研究方法:定性研究的视角》,钟周等译,中国人民大学出版社 2008 年版,第 7 页。

② 罗伯特·C.波格丹、萨莉·诺普·比克伦:《教育研究方法:定性研究的视角》,钟周等译,中国人民大学出版社 2008 年版,第 4~7 页。

2. 描述性的数据

定性研究方法所收集的数据是描述性的。定性研究方法的数据包括访谈记录、田野笔记[①]、照片、录像带、个人文档、备忘录和其他官方记载的资料。例如,在教育的定性研究文章和报告中,研究者经常采用引用和叙述的形式对一个特定的教育情境或教育现象进行详细描述。

3. 关注过程

定性研究方法更关注研究过程,而不是研究结果。使用定性研究方法的教育研究者通常将焦点放在以下问题:研究对象是如何对意义达成一致意见的?研究对象是如何使用术语和标签的?特定概念是如何变为部分常识的?例如在一项有关教师与不同成绩排名学生的课堂交往方式的定性研究中,研究者会聚焦于观察和记录教师在课堂上与不同学生之间交往互动的过程。

4. 归纳法

定性研究方法使用归纳法对所收集的数据进行分析。定性研究收集和分析数据的目的是建构理论而不是对理论假设的证实或证伪。定性研究者建构理论采用的是自下而上的路径,即在数据分析的基础上,提炼出关键的概念,通过在概念之间寻找和建立关联,来建构某一种教育理论。

5. 意义

定性研究方法重视对意义的探寻。定性研究人员关注的是不同的被研究者如何从某一特定视角建构和解释生活的意义。例如在一项教育定性研究中,研究者想要探寻教师对学生在学校期间不良行为的看法。研究者关注的是教师如何对学生的不良行为做出解释。研究者可以通过各种策略来获取被研究者的看法。一些研究者可能通过向被研究者播放录像的方式检验自己的观点是否与被研究者的观点一致。另一些研究者可能通过向被研究者展示访谈记录或与他们口头交流观点的方式获取被研究者对于自身经历的观点和看法。通过这些策略定性研究者能从被研究者的视角理解他们的经历。

① 田野笔记:观察者在观察中或观察后用书面语言进行叙述性记录,是对观察对象的行为表现及其与他人或环境相互作用或交往的详细记载。

三、定性研究方法的理论基础

定性研究方法主要建立在以下几个理论之上①：

1. 现象学方法

虽然定性研究方法的各种理论存在差异，甚至在同一个学派内部也存在着纷争，但绝大多数的定性研究方法都表现出现象学的某些特征：如定性研究方法都关注对事件的内涵的理解以及研究对象在特定情境中的互动；定性研究方法都强调人们行为的主观方面等。

2. 象征互动

象征互动理论认为物体、人们、情境、事件本身并不具有意义，意义是人们赋予的。人们的经验以解释作为中介。人们给经验赋予的意义，以及他们解释的过程，其属性都是本质的和建构的，而不是附属的。象征互动主义者不仅关注理论建构，还关注自我建构。定性研究对意义、解释、理论建构的强调都是基于象征互动理论。

3. 民族方法学

民族方法学主要研究人们如何创建和理解他们的日常生活，即研究他们完成其日常生活的方法。民族方法学的研究对象是当代社会中各种情境中的公民。其侧重的是被研究的对象，而不是收集数据的方法。民族方法学学者试图去理解人们如何看到、解释和描述他们所处的世界的秩序。他们提出，在数据收集的前提下，仔细观察并尝试理解。

四、定性研究方法的相关问题

研究者在运用定性研究方法的过程中，经常会遇到以下一些问题②：

1. 定性研究的结果是否有概括、推广的意义

概括性是指一项研究的结果是否能超出特定研究对象和特定研究情境而

---

① 罗伯特·C.波格丹、萨莉·诺普·比克伦：《教育研究方法：定性研究的视角》，钟周等译，中国人民大学出版社 2008 年版，第 18~27 页。

② 罗伯特·C.波格丹、萨莉·诺普·比克伦：《教育研究方法：定性研究的视角》，钟周等译，中国人民大学出版社 2008 年版，第 27~38 页。

具有普适性。例如研究者在一所开展教育的高校进行了一项研究,那么人们就想知道其他的学校是否也和那所高校一样。一些教育的定性研究者非常关注概括性问题,他们会对其给予详细明确的解释说明。例如他们在一所高校里做的是个案研究,那么在研究报告中他们并不暗示在其他学校也会得到同样的研究结果。他们可能还会在其研究结果的基础上建立一种有代表性的表达,或者做很多类似的研究,以说明他们的研究不具有特质的属性。另一些教育定性研究者并不关心自己的研究结果是否具有概括性,而是更关心他们可以将概括性用于哪些情境和研究对象。他们的假设是,人们的行为既不是随性的,也不是完全异质的。研究者认为,这是所有社会科学的基本假设。

2. 研究人员的观点、成见和其他偏见是否会对资料产生影响

教育定性研究者在收集资料时,需要通过自己的判断和理解对资料进行筛选,这样就涉及了主观性问题,即研究者是否只记录他想看到或记录的事情。教育的定性研究者,无论遵循何种学术传统,都会遭受这样的质疑。

3. 研究者的出现是否会改变被研究者的行为

研究者无法完全消除自身对被研究者造成的影响。例如以考察大学生就业意愿的调查为例,要求大学生坐下并填写调查问卷,这就改变了他们的行为方式。教师可能不会在研究人员面前对学生大声吼叫,或做其他不适当的行为。这些改变被称作观察者影响。因为定性研究者关心的是人们如何在他们自己的情境中行动和思考,研究者要学会将收集到的某些数据在情境中进行解释。意识到自己看到的是被研究者在陌生人面前的行为表现,对研究者来说很重要,要将其纳入研究的分析之中。

4. 不同研究者研究相同的情境或对象能否得到相同的研究结果

这主要牵涉到定性研究的信度问题。教育研究人员有不同的学术背景和研究兴趣,所接受的学术训练,会影响他们的研究角度。例如同样是对高校进行研究,从社会学视角出发的研究者关注的是学生们的社会背景、学校的社会结构,从心理学视角出发的研究者关注的是低年级大学生的自我概念。

5. 定性研究方法是否具有科学性

许多教育研究者认为“硬科学”(如物理、化学)中采用的演绎和验证假设

的研究方法才是科学的，而软科学中许多背离这种研究方法的研究都是令人怀疑的。然而科学史表明，重大的科学突破都是在偶然间发现的，而且通常是在人们突破常规的研究方法论的束缚时发现的。科学的观点应该是以开放的态度看待方法和证据。科学研究包括严格而系统的经验主义的调查，这种调查也是以数据为基础的，定性研究满足这些要求。

6. 定性研究方法是否具有相同的研究目的

并不是所有的定性研究者都遵循同一个目标，不同的研究者在开展定性研究时的目的不同。有的是为了发展他所依据的理论，有的是为了建构新概念，有的是为了描述现实，有的是为了加深对人类的行为和经验的理解，还有的是选取那些被边缘化的人作为自己的研究对象，希望赋予这些被研究者更多的权利，目的就是促进社会变革。

五、定性研究方法中的信度和效度

1. 信度

在定性研究方法中，信度主要是指在自然情境中，研究者所记录的资料与实际发生的现象之间的一致性。定性研究方法中的信度准则与定量研究中的信度准则不同，因为后者强调重复研究的可能性和对变量的控制与操纵，而前者则强调自然情境的独特性和研究的不可重复性。为了保证定性研究方法的信度，研究者经常使用受访者确证、长期实地参与、持续实地参与、反思性日志、反例分析、独立审查等方法来消除研究者偏见。[①]

2. 效度

定性研究方法的效度是指研究结果的有效性，即研究结果对研究目的的实现程度。定性研究方法中的效度主要有以下类型：描述性效度、解释性效度、理论性效度、内部效度和外部效度。[②]

---

① 刘易斯·科恩、劳伦斯·马尼恩、基思·莫里森：《教育研究方法》，程亮等译，华东师范大学出版社2013年版，第212~214页。

② 伯克·约翰逊、拉里·克里斯滕森：《教育研究：定量、定性和混合方法》，马健生等译，重庆大学出版社2015年版，第249~258页。

(1)描述性效度

描述性效度是指研究者报告中所描述信息(事件、对象、行为、人、环境等)的准确程度。由于描述是定性研究的一个重要目的,所以描述性效度很重要。描述性效度所要解决的关键问题如下:研究者报告中研究对象所发生的情况是否真实?研究者是否如实描述了自己的见闻?用于提高描述性效度的一个有效策略是研究者三角互证。这涉及使用多个观察者去记录和描述研究参与者的行为以及他们所处的情境,并对观察进行反复核对,以确保研究者就所发生的事达成一致意见。当取得了多个研究者对观察的验证(一致意见)时,外部的研究评论者就不会对一些事情是否发生提出疑问,研究将变得更为可靠。

(2)解释性效度

解释性效度是指研究者理解和描述被研究者对研究内容所赋予的意义的准确程度。用于提高解释性效度的策略主要有两个:第一,参与者反馈。第二,在撰写研究报告时,使用较少推论描述。

(3)理论性效度

理论性效度是指基于研究结果建立的某个理论在解释数据方面的适用程度和可靠程度。用于提高理论性效度策略主要有长期田野调查、理论三角互证、模式匹配、同行评议等。

(4)内部效度

内部效度指的是研究者能够在何种程度合理地推断出所观察到的关系是因果关系。不是所有的定性研究者都对因果关系感兴趣,定性研究既有助于描述现象是如何发生的,也有助于形成和检验初始的因果假设和理论。值得注意的是,用定性研究对潜在的因果关系进行分析后,应该在可行的情况下,运用实验法对其进行检验和确认。这样就可以获得更多关于原因和结果的确凿证据。

除了以上提到的各种策略外,还有两个提高内部效度的策略:第一,方法三角互证。在单个研究中,研究者综合使用不同的研究方法(民族志研究、相关研究、实验研究等)以及不同的收集数据的方法(访谈法、问卷法、观察法)。混合使用这些方法的目的在于把优势和劣势不重叠的不同方法结合在一起,获得更好的证据。第二,数据三角互证。这种方法指的是通过单一的方法来使用多种数据来源。如多次访谈或观察会提供多种数据来源,但只采用了单一的方法(访谈法或观察法)。也可以在不同时间、不同地点和不同人那里收集数据。

(5)外部效度

外部效度指的是将一系列研究发现推广到其他的人、环境、时间、处理条件和结果。外部效度是定性研究的弱点。首先,定性研究所调查的人和环境很难随机挑选,而随机挑选是从样本向总体推广的一个最好的方法。其次,同寻找“普遍性的”结论相比,大多数定性研究者都对寻找“特殊性的”结论更感兴趣。即,在大多数定性研究中,其目标都是在一个特定环境下,充分地描述一组特定人群或一个特定事件,而不是生成一些可以广泛应用的结论。当定性研究者对因果关系感兴趣时,他们更倾向于关注具体因果关系,即识别特定态度、行为及事件的直接而有意识的局部性原因,而很少关注在定量研究中较为重要的普遍因果关系,即呈现普遍的科学规律。

第二节　历史研究法

一、历史研究法的概述

历史研究法是教育研究的重要研究方法之一。所有的教育研究现象,无论过去、现在和将来,都有一个发生和发展的过程。每一项教育研究活动都试图清晰地揭示教育发展的规律和本质。因此,历史研究法经常被应用于教育研究的多个领域。

1. 历史研究法的内涵

教育研究中的历史研究法是指教育研究者按照历史发展的顺序,在对有关教育理论和教育实践的史料进行鉴别分析的基础上,描述、分析和解释教育活动的发生、发展规律,并预测教育活动未来发展趋势的一种定性研究方法。教育理论主要指各国政府的教育宗旨,教育家的教育主张、理论、学说及教育思潮和流派等。教育实践主要包括各个国家不同历史时期的教育政策法规、教育制度、教育实施状况及教育者的生活等。

2. 历史研究法的特征

教育研究中采用历史研究法的目的在于研究教育制度和教育思想的发生、

发展和演变的过程,总结不同历史阶段的教育经验、教训及特点,做出科学的评价,探求教育发展的客观规律。因此,与其他研究方法相比,历史研究法具有以下特征:第一,重视历史资料。史料是历史研究法的出发点。教育的历史研究法主要依据教育历史资料,不与教育文献中记载的人和事直接接触,属于间接性研究。第二,强调真实可靠。资料的真实可靠,才能确保研究结论的科学、深刻,才能确保论点的说服力和借鉴功能。因此,用批判的态度从大量的教育史料中获得可靠的证据十分重要。第三,侧重理解诠释①。教育历史研究法的前提和基础是明晰历史事件的来龙去脉,并在获得真实可靠教育史料的基础上,通过诠释及理解的方法,掌握并解释教育历史的真相。②

3. 历史研究法的意义

历史研究法主要有以下三个重要意义:第一,历史研究法可以为教育研究者继承和发展教育相关的新知识提供基础。教育研究者如果要获得新的、有效的研究思路,就必须对过去的研究结果和研究方法进行回顾。由于大多数的研究报告都包含与研究问题有关的文献综述,如果教育研究者不对过去的教育研究进行梳理和分析,就有可能浪费大量时间和精力去重复前人已经做过的研究或犯前人已犯的错误。第二,历史研究法可以为教育研究者预测教育未来发展提供工具。了解教育现象的历史有助于预测这些现象的未来发展趋势。未来学学者对未来的预测正是基于对过去研究中得出的统计学逻辑或理性的推断。如果知道某些个体或群体过去的行为,学者就可以比较有把握地预测他们将来的行为。第三,历史研究法可以为修正以往历史记载中某个遗漏或歪曲的现象的某个方面提供帮助。历史研究可以使教育的研究者对教育改革过程中那些无论目的还是效果都存在问题但仍延续至今的教育实践保持警醒,以避免或纠正这些问题。

① 陈向明:《教育研究方法》,教育科学出版社 2013 年版,第 322~323 页。

② 潘慧玲:《教育研究的取径:概念与应用》,华东师范大学出版社 2005 年版,第 112 页。

二、历史研究法的实施步骤

1. 确定研究方向，收集历史资料

（1）确定研究方向并形成研究问题

有关教育的理论与实践非常丰富，如果在进行研究时不选定方向，将会因为无所适从而浪费大量的时间和精力。明确研究方向可通过以下技巧：首先，确定教育历史研究的领域。以教育思想史研究为例，可以先将某位学者的教育思想的主要内容和可供选择的研究方式用图表的形式罗列出来，再结合研究者具备的主客观条件和时机进行选择，确定一个大致的研究方向。其次，确定教育历史研究的问题。在确定历史研究方向的基础上，明确要研究的具体问题，从而缩小研究范围。最后，确定教育历史研究的标题。在已选择的研究课题的基础上，提炼中心思想，研究假设和主要论点，然后用规范准确的语言对标题进行表述。

（2）收集历史资料

对历史资料的收集主要涉及以下几方面工作：

第一，对教育史料进行分类。教育史料分为一次文献和二次文献。一次文献是指历史留存下来的或历史事件的亲历者记录下来的信息源。二次文献是指研究者在研究一次文献的基础上创造出来的信息源。一次文献主要有三种：第一种是文本材料和其他媒体。文本材料是教育历史研究最常见的一种一次文献。个人撰写的文件，如信、日记；官方撰写的记录，如年鉴、公报等。当前，越来越多的视频媒体也被用于传递信息，如电视、视频、数码照片、互联网上的流动图像。从这些媒体可以获得有关历史事件和教育实践的重要资料。第二种是口述史。在历史发展过程中，许多民族用口头语言，如民谣、传说等记录和传承过去发生的重要事件。这些口头叙述的记录，或具有历史意义的事件亲历者访谈记录，学校管理者、教师、学生、创业者等人的访谈记录。第三种是文物。包括任何外观特征或视觉特征能提供有关历史信息的实物，如服装、建筑、书籍、雕像、考古遗迹等。

第二，选择有效的文献获取途径。在教育的历史研究过程中，有多种获取史料的途径。图书馆、档案馆、博物馆、社会相关机构的资料室、学会组织、个人学术交往、互联网搜索引擎等。要因教育的研究目的、研究者、研究条件等因素选择高效的文献获取途径,充分利用书目、索引、字典、年鉴、手册、年谱、百科全书等工具书和各种检索手段。

第三,高效收集所需史料。采取正确的方法,可以提高收集史料的效率。首先,在收集史料的过程中,应时刻牢记教育研究的目的和问题,专注于搜索与研究目的和内容相关的史料,从而排除无关的资料和信息,为研究者节省大量的时间和精力。其次,注意史料的原始性和典型性。在收集资料时可以通过引文查找法去追溯与教育研究问题相关的论文所列的参考文献的方式,寻找文献的源头或原始文献。此外,还要注意史料的典型性和代表性。由于史料过于丰富,研究者很难且没有必要将所有的史料都收集起来。因此,应对其有所筛选和取舍,将收集的重点放在能反映教育史实的典型和有代表性的资料上。

2. 鉴别和整理历史资料

(1)史料的鉴别

只有当历史文献提供的是真实的、准确的信息时,教育研究者对历史文献的分析解释才有确切的基础。历史资料的鉴别主要有三个目标:鉴别伪书、鉴别伪事、鉴别伪人。对历史资料进行鉴别的考证方法有三种:正证、反证、旁证。① 因此,应综合运用各种方法对所收集的教育史料进行鉴别,以确保史料的真实准确。

一方面,要确认历史文献真实性。一次文献真实性的确认被称为外部批评。外部批评的重点不是一次文献的内容,而是一次文献的出处(作者、出处地点、出版日期、出版情况等信息)等表面信息的审核。外部批评的主要方法是对教育史料的外在表现形式是否合乎其生成年代的规范来确定其出处的真伪,以剔除史料中伪造的内容。②

另一方面,要确认历史文献的准确性。一次文献准确性的确认被称为内部批评。内部批评的重点主要是文献内容的合理性和可靠性。合理性主要关注的是以下问题:人们是否能按作者描述的方式行事?描述的那些事件是否在时

① 刘问岫:《教育科学研究方法与应用》,北京大学出版社1993年版,第89页。

② 乔伊斯·P. 高尔、M. D. 高尔、沃尔特·R. 博格:《教育研究方法实用指南》,屈书杰等译,北京大学出版社2007年版,第400~401页。

间上接近？作者提到的数据是否合理？可靠性则主要关注以下内容：作者是否是该历史事件的亲历者？作者是否具备准确描述这类历史事件的资格？作者是否对这类历史事件有主观偏见？作者是否与这类历史事件存在利益关系？内部批评的主要有三种方法：一是比较两种以上毫不相干的史料，相互参证；二是比较正反两方面的记载；三是两种或两种以上的实物印证。①

(2)史料的整理

收集资料只是教育研究的基础，关键是要运用一定的方法对这些史料进行加工和整理，以形成论点。最常见的史料加工整理方法有以下几种：第一，分类组织。对所收集到的纷繁复杂的教育历史资料按照不同的标准进行分类和组织。分类组织的史料更能提高教育研究的效率。第二，比较分析。还要对收集到的史料进行比较分析。比较的维度既可以是纵向的时间维度，也可以是横向的空间维度。对于中外教育的差异研究，还应对问题产生的社会背景进行分析，在异同比较中，探寻史料之间的内在联系。第三，形成论点。在整理教育史料过程中，也要正确对待前人观点，尝试从新的角度进行探索，努力提出超越前人的观点，探索规律。

3. 分析解释历史资料

历史研究的一个重要程序是对史料的分析解释。因能力、视角、与事件关系等不同，历史学家分析解释这些资料的方式也有所不同。修正主义历史学家认为过去的教育实践与其说反映的是理性、善意、教学法上的思考，不如说它反映的是特定政治、经济、文化等方面的影响和动机。他们对教育实践持批判的态度，并试图从历史上解释存在问题的实践。现时主义则依据当下的概念和观点去解释过去的现象。尽管在理论观点上存在着一定分歧，但研究者对史料的分析解释，仍然存在着以下一些通用的分析方法：②

① 潘慧玲：《教育研究的取径：概念与应用》，华东师范大学出版社 2005 年版，第 123 页。

② 陈向明：《教育研究方法》，教育科学出版社 2013 年版，第 335～343 页。

(1)历史与逻辑的统一

历史与逻辑的统一要求研究者在教育历史研究过程中,要综合运用历史分析法和逻辑分析法,既要从历史实际出发,解释历史,又要重视逻辑分析,从理论角度审视历史,更要在不断地修正中,探索教育历史发展的客观规律。

历史分析法是在整理鉴别教育史料的基础上,按照历史发展的顺序,把相关的教育史料放在其产生的社会历史背景中,用全面、发展、变化的观点进行分析,揭示其历史发展过程、本质和规律的方法。在对教育思想和实践进行历史研究时,既要注重分析其产生的社会政治、经济、文化、科技等背景因素,也要对其贡献和历史局限性做出客观的分析,而不能用当下的标准去进行分析评价,以免得出偏颇的结论。

逻辑分析法是在分析史料的基础上,运用逻辑的方法,如归纳、演绎、分析、综合等,揭示历史的本质和规律,使繁杂的史料上升为理论,构成学说体系的方法。进行历史研究,必须把历史的材料上升为逻辑范畴。

(2)定性与定量的互补

历史研究的定性分析方法是对所收集整理的史料,如历史文献和访谈记录等,采用归纳等方法进行描述和分析的方法。历史研究的定量分析方法是对所收集整理的史料,进行量化的描述和分析的方法。教育历史研究由于选取样本和研究目的的差异,所采用的分析方法也有所不同。虽然多数的历史研究采用定性分析方法,但定量分析方法在趋势分析、比较研究等方面具有独特的优势。二者各自优势、相互补充,有利于探寻历史资料的本质,将复杂的模糊的历史现象和嬗变过程用可视化、精确的图表、模型等方式进行呈现,从而增强教育研究报告的说服力。

(3)史料与论点的结合

史论结合是历史研究的重要分析方法。史论要有机结合。“史”是历史理论思维的论据和对象,离开基本的史料,观点和理论就成为无源之水和无本之木。“论”是通过对历史资料的分析和抽象概括得出的观点和理论,是对隐含在历史事实中的内在规律的认识,离开观点和理论,史料就成为文字的堆砌。研究者既不能不结合史料,空谈论点,也不能只罗列史料,不论证观点。应该在具体论述教育历史事实的基础上,进行分析并得出结论,做到观点和材料的统一。在论述形式上,既可以先史后论,也可以寓论于史。

4. 撰写研究报告

历史研究报告的撰写可以采用定性研究报告的格式。组织历史研究报告的方法主要有三种:一种组织方法是按照时间顺序描述教育的历史事实,论文的每一章可以单独讨论一个有关教育中所涉及的人、机构或现象的独立的时间段。另一种组织方法是按照主题描述教育历史事实。例如如果研究的目的是考察不同高校的教育学院制订教学改革计划的情况,论文可以用独立的一章来描述该研究涉及的每一个教育学院。还有一种组织方法将时间顺序组织和主题组织的方法结合起来。例如每一章讨论一个时间段的研究对象,但各章之间的内在联系的分析则可以根据主题进行组织。总之,决定使用何种方法组织论文取决于教育研究者的研究问题。

第三节　个案研究法

一、个案研究法的概述

1. 个案研究法的内涵

个案是对某个真实情况或事件不含主观价值判断的忠实描述,通常以文字记录的形式呈现。个案通常被视为一个有界系统。系统意味着将个案视为包含若干部分并在特定环境中活动或运转的整体。有界则意味着系统的边界或轮廓——研究者必须决定这个案例是什么和不是什么。个案不仅包括身份明确的实体,也包括事件或过程。个案可以以一个整体单位作为对象,但这个对象要具有代表性,能使研究者通过对其相关的数据收集与分析获得有意义的结论。例如如果研究者要设计一个关于“初中生辍学”的个案研究,就可以调查一个辍学的初中生个体。个案还可以以整体单位为对象,但这些对象要具有一致性。例如,如果研究者要设计一个关于“高校混合教学模式”的个案研究,就可以同时调查几所同类型的高校。[①]

个案研究法是指提供一个或多个案例的详细解释和分析的研究。个案研究的目的主要有以下三个:第一,描述。有些个案研究的目的是清楚地描绘并概念化某个教育现象。这些个案一般采用深描的方法,对某个情境中的教育现象进行详尽的描述和解释,使读者深刻地认识和理解教育现象富含的意义。第二,解释。有些个案研究的目的是解释与某些特定教育现象相关的变量间的关系。变量之间可能存在因果关系[②]和相关关系[③]。个案研究者需要对变量之间究竟存在何种关系做出具体的解释。第三,评价。有些个案研究的目的是对某些教育现象做出评价。

2. 个案研究法的特征

个案研究法主要有以下几个特征[④]:第一,小样本。个案研究需要教育研究者集中深入地对特定的单位进行分析,通常所需的样本容量比调查研究小得多。如果样本容量过大,则将无法对教育研究涉及的所有样本进行详细的描述和分析,从而影响个案研究的效度。第二,背景的细节化。个案研究通过对正在进行的真实事件或情况进行详细的背景化分析,营造一种身临其境的氛围。教育研究者用通用的术语对事件进行定义并指出其特殊性。第三,自然背景。在个案研究中,教育研究者并不对发生的事件进行控制,一切都是在自然背景中发生的。第四,有界性。个案研究对一个特定的时空界限进行细致的描述,对时间和地点的关注能够为有趣的结构和关系提供背景。第五,暂时性假设和建构新的假设。在个案研究中,研究者能生成假设,并根据在个案研究的数据收集和分析中发现和建构新的假设。研究的实体或现象出现在研究过程中,研究能得出自然的结论。第六,数据来源多样性。个案研究经常使用多种数据来源,使多种调查数据相互印证,以获得更准确的结论。如在某个教育的研究中,研究者收集了各种各样的数据,包括教师和学生的访谈数据、师生互动的观察

---

① 陈向明:《教育研究方法》,教育科学出版社2013年版,第292~293页。

② 如果一个变量的变化是另一个变量发生变化的原因,那么这两个变量之间就存在因果关系。

③ 如果一个变量与另一个变量之间是不确定的依存关系,那么这两个变量之间存在相关关系。

④ 陈向明:《教育研究方法》,教育科学出版社2013年版,第295~297页。

数据等。二者之间可以相互补充和印证。第七,可延伸性。个案研究能通过拓展读者的经验来丰富及转变读者对某个现象的理解。在个案研究中,研究者致力于对背景中的关系进行合并和明确,以使这些背景和关系能够引起读者的共鸣。

3. 个案研究法的优缺点

个案研究法主要有以下优点:第一,全面而深入。个案研究会翔实呈现研究对象各方面资料,研究结果或评价资料的方式、语言和表现方式通常是简单通俗的描述和解释,避免一些高度抽象的专业名词和专业术语带来的阅读障碍,减轻普通读者的阅读困难,通过个案的应用使相应的概念和理论丰富和形象化。第二,有利于探索性研究。个案研究可以基于特定案例,发现已有普通案例中未被提及或是疏漏的重要特征,从而发现重要的变量及其关系,探索性地建立理论模型,并提出理论假设;同时,个案研究的成果可以形成描述性材料的档案文件,这些档案文件可以为后续的理论阐述提供材料支撑;另外,个案研究认可社会事实的复杂性和嵌入性。通过仔细研究社会情境,个案研究也可以表现当事人观点的矛盾之处,为选择性解释提供支持。第三,操作性和灵活性强。个案研究可以由一名教育研究者独自开展,而不需要整个研究团队。个案研究可以包括之前未预料到的事件和未加以控制的变量,研究过程中的操作性和灵活性极强。

个案研究法主要有以下缺点:第一,较难进行概括。个案研究很难进行概括,除非其他读者或研究者理解如何运用其成果。个案研究常常缺乏严格控制,对其处理也很少进行系统控制,在进入实际运用时,几乎不控制随机变量。这就导致难以从个案研究中推断并得出因果结论。第二,经不起重复检验,容易产生偏见。个案研究经不起重复检验,因此可能未经过谨慎选择,具有偏见、个人性和主观性。由于某些个案研究中的实际参与者既是当事人又是观察者,可能导致个案被夸大或低估,存在偏见。尤其是个案研究如果仅凭个人记忆,那么这种偏见就会带来一定问题。个案研究虽试图解释反身性①,却容易出现观察者的偏见问题。个案研究往往遵循研究的解释传统,通过当事人的视角看

① 研究者对自己作为某社会现实的构建者和解释者的作用的分析被称为反身性。

待情境,而非定量研究范式。

4. 个案研究法的类型

根据斯塔克的研究,个案研究有三种不同的类型①:

(1)本质性个案研究

在本质性个案研究中,研究者的兴趣在于理解一个特定的案例。研究的目的不仅是从整体上和内部运行机制上理解案例,还要从对特定个案的分析上理解普遍性的程序。这种研究是经典的单个案例研究。研究者通过对案例的深度描述,呈现案例的特殊之处,并评估其运行的效果及了解不为人知的现象。本质性个案研究的优点是研究者可以将自己所有的时间和资源投入单个案例的研究中,因此能发展出对案例的深度理解,缺点是研究者从单个案例进行推论是有风险的。

(2)工具性个案研究

在工具性个案研究中,研究者的兴趣在于理解普遍情况而不是特定个案,即研究者研究案例是为了解一些更具普遍性的事情(如,大学生创业的一般情况而不是某所高校大学生创业的情况)和理解一个现象及其背后的原因,案例只是作为达成研究目的的手段。研究的目的侧重于较少的特殊性和较多的普遍性,也就是说,研究者进行工具性个案研究是为了得出超越特定个案的结论,而不是得出仅适用于单个案例及特定情境的结论。研究者之所以选择某个特定的案例,或是因为它的极端性或独特性可用来检验理论假设,或是因为它的典型性可以用来理解一般性的案例。

(3)集合性个案研究

在集合性个案研究中,研究者的兴趣在于通过对几个案例同时研究,更好理解研究主题。研究多个案例的优势如下:第一,可以进行比较研究,分析几个案例的异同。如,将一所开展教育的公立大学与一所私立大学进行比较研究。第二,可以借助对多个案例的观察进行理论检验。第三,可以基于对多个案例的分析获得研究结果。相比于单个案例研究,研究者更有把握相信相似的结果会出现在一个新案例中。研究多个案例的缺点是从多个案例中所获得的分析

① 伯克·约翰逊、拉里·克里斯滕森:《教育研究:定量、定性和混合方法》,马健生等译,重庆大学出版社 2015 年版,第 368~369 页。

广度通常会牺牲研究的深度。这是因为深入研究案例需要花费大量的时间。因此,在进行集合性个案研究时应正确处理优缺点,在研究深度和广度上做出适当的取舍。

5. 个案研究法的评价标准

关于如何对个案研究进行评价,理论界主要有两种不同的倾向:一种倾向于用信度和效度的标准进行评价;另一种倾向于用诠释的视角,即对每个个体对个案研究的意义和价值的不同解释,进行评价。①

(1)信度效度标准

信度效度取向者认为,应该用信度和效度标准对个案研究进行评价。信度是指个案研究在研究方法等条件相同的情况下,重复研究发现的程度和研究过程的一致性,主要包括外在信度和内在信度。为了表明外在信度,教育研究者必须表述清楚研究设计的认识论前提、个案选择的依据及数据收集和分析的过程,以使其他研究者可以在研究过程一致的前提下进行条件相同的重复研究。为了表明内在信度,教育研究者可通过成员检验(如将研究数据反馈给研究对象)和审计记录(外部监督人员对研究过程的持续评估)等方式来保障观察者间的信度(评估两位以上观察者所收集资料的一致性程度)和个体内的一致性(评估一位观察者多次收集记录资料的一致性程度)。② 效度是指个案研究的准确性和真实性程度。内在效度关注的是个案研究是否能建立可靠的因果关系,尤其是在数据分析阶段,需要运用一些监测推论效度的方法,如模式匹配、建立解释或时间序列分析等。外在效度关注的是个案研究发现能推广到哪个领域,这就要求研究者详细说明选择每个个案的原因和个案之间的差异。建构效度关注的是研究者所要研究的概念是否形成了一套正确的、操作性的、系统的研究指标。③

---

① 乔伊斯·P. 高尔、M. D. 高尔、沃尔特·R. 博格:《教育研究方法实用指南》,屈书杰等译,北京大学出版社 2007 年版,第 303~304 页。

② 梅雷迪斯·D. 高尔、沃尔特·R. 博格、乔伊斯·P. 高尔:《教育研究方法导论》,许庆豫等译,江苏教育出版社 2013 年版,第 470 页。

③ 罗伯特·K. 殷:《案例研究:设计与方法》,周海涛等译,重庆大学出版社 2010 年版,第 46 页。

(2)诠释标准

诠释取向的研究者认为,不应局限于用传统的信度和效度对个案研究进行评价,而应以能证明他们研究发现和方法的可信度和可靠性为标准。具体标准如下:

第一,反映读者需求敏感度的标准。这类标准主要包括:有力的证据链、真实性和有用性。有力的证据链是指在研究问题、原始数据、对原始数据的分析和从数据中得出的结论之间建立的清晰且有意义的联系。真实性是指研究者通过描述真实呈现研究现象。如"成都创业学院创新创业实施模式的个案研究"中的研究对象、研究情境、发生的活动与事件等都是真实的,呈现的是真实的经验性数据。有用性是指个案研究对读者的启发和指导等方面的作用。①

第二,反映研究方法可靠性的标准。这类标准主要包括:三角互证、编码检测、驳斥个案和成员检验。三角互证是指使用多种数据收集方法、数据来源、分析策略等来检测个案研究发现的过程。编码检测是指对个案研究的编码过程信度进行检测。可以通过使用多个观察者来增加编码过程信度。驳斥个案是指通过使用极端的例子(即异常值)来检验和加强基础研究。异常值是与研究中绝大多数案例不同的个体或情境。成员检验是指被试回顾研究者的报告,以确保其精确性和完整性。②

例1:一项关于教育教学方法改革的个案研究就使用了极端案例分析,研究人员在该项教学改革的参与者中找到了与绝大多数的积极支持者截然不同的两个极端案例——没有采用这种新教学法和对该教学法持强烈批评态度的两个个体。通过对他们这种做法的理由的调查分析进一步证实了研究者关于掌握这一新教学法对提高教学效果的积极作用的判断,也说明和解释了在该学校开展教学改革的困境与根源。

例2:在一项关于教育课程改革研究中,在数据分析及报告撰写两个阶段都分别由研究者组织研究对象所在学校的师生,对数据分析与报告中的观点进行审阅,并提出修改意见。

---

① 乔伊斯·P.高尔、M.D.高尔、沃尔特·R.博格:《教育研究方法实用指南》,屈书杰等译,北京大学出版社2007年版,第304页。

② 乔伊斯·P.高尔、M.D.高尔、沃尔特·R.博格:《教育研究方法实用指南》,屈书杰等译,北京大学出版社2007年版,第304~306页。

第三,反映数据收集和分析彻底性的标准。这类标准主要包括:背景全面性、长期观察、代表性检测、研究者自我反思。背景全面性要求个案研究中应充分考虑背景的特征,如历史、实物背景、环境、参与者数量、特定活动、事件发生的进程表和时间顺序、人力分配、日程及变动、重要事件及其起因和结果、成员的感受和意图、社会规则等。个案研究的背景越完整,读者对现象的解读越可靠。长期观察要求个案研究者对数据进行长期收集,对现象进行重复观察。如学生对学校的感受可能因考试、天气、突发事件等因素发生变化,因此通过长期的数据收集,研究者可以区分情境性感受和持续性感受。代表性检测要求个案研究者对个案研究发现是否具有代表性进行评估。如反思数据收集是否过多地依赖容易接近的人或精英阶层,以确认数据的代表性。研究者的自我反思要求个案研究者从对从事这项研究的资格和与所研究背景的关系进行自我反思,以增强解读的可靠性。①

二、个案研究法的实施步骤

1. 研究设计

在关于个案研究的设计中,约翰·罗森堡(John P. Rosenberg)和帕齐米·耶茨(Pasty M. Yates)提出了较为详细的步骤:第一,提出研究问题。个案研究的起点是确定研究者感兴趣的现象,并在此基础上形成问题和对问题进行陈述的归纳。例如研究者提出自己的研究问题是"×××学校教育运行模式如何?"第二,确定基本研究主题和理论。基本主题和理论的确定是研究的一个重要组成部分。虽然并不是所有的个案研究都需要在数据收集之前进行文献回顾,但对研究背景的理解是个案研究的重要步骤。例如上述研究的主题为"教育""运行模式"。第三,确定个案、个案背景和感兴趣的现象。明确个案的界限是个案研究中最重要的一步,否则个案将成为一组杂乱且难以处理的数据。通过这一步骤,研究者会更加明确个案及其背景和感兴趣的现象。第四,确定特定个案的研究方法。个案研究可从本质性个案研究、工具性个案研究、集合性个案研究中选择一种。第五,确定最合适的数据收集方法。数据收集方法的选择主要取

① 乔伊斯·P. 高尔、M. D. 高尔、沃尔特·R. 博格:《教育研究方法实用指南》,屈书杰等译,北京大学出版社2007年版,第306~307页。

决于研究问题。多重方法的使用是促进个案研究严谨性的一项关键活动。如上述例子中的数据收集方法可以是参与式观察、深入访谈、问卷、文件回顾等。第六,选择与数据收集方法一致的数据分析方法。为了保证方法的严谨性,数据分析方法必须与收集方法保持一致。文件、访谈、目标群体数据应按主题进行分析,问卷数据应进行统计分析。第七,通过预先设定的分析过滤器完善已分析的数据。分析过滤器是一种比喻的说法,主要是指将已经分析的数据进一步整理纳入几个主题的一种方法。运用分析过滤器有助于条理清晰地整理和完善已分析的数据。第八,使用矩阵将数据简化为可供管理的模块和概念组。描述性和解释性矩阵是通过图表来系统严谨地处理大量多重来源数据的方法。根据在分析过滤器元素中的概念联合,同时呈现集中和离散数据。第九,得出结论并撰写个案研究报告。经过上述数据处理过程,这些数据可以被用于进一步分析,并为个案描述中结论的得出提供基础。在数据基础上,结合现有文献,进行综合比较、抽象、概括,探讨所研究对象中的本质规律,这一过程是概念形成的过程。个案研究报告是个案研究的产物,类似于研究报告的结果和讨论部分。有时为了解释得清楚,个案研究报告部分会分步进行。①

2. 选择个案

研究者主要采用目的抽样的方法选择个案。目的抽样可以为研究者提供与研究目的相关的丰富信息的个体。个案选择可以依据很多标准,如个案是否容易获得?个案是否具有代表性?个案是否能保证获得最大量的信息?②

个案选择要采取系统的取样策略。有学者总结了 15 种选择策略(见表 4-1)。③

① 陈向明:《教育研究方法》,教育科学出版社 2013 年出版,第 304~306 页。

② 乔伊斯·P. 高尔、M. D. 高尔、沃尔特·R. 博格:《教育研究方法实用指南》,屈书杰等译,北京大学出版社 2007 年版,第 296 页。

③ 陈向明:《教育研究方法》,教育科学出版社 2013 年版,第 307 页。

表 4-1　个案研究中所使用的目的性取样策略

选择具有关键特征的个案的策略	
1. 极端个案	具有极高或极低程度特征的个案
2. 集中性	具有高或低,但不是极端程度特征的个案
3. 典型个案	具有平均程度或典型程度特征的个案
4. 最大变化	涵盖特征变化全部范围的多重个案
5. 分层	在预定义点呈现变化特征的多重个案
6. 同质的	具有类似程度特征的多重个案
7. 目的性随机	从可接近人群中随机抽取的多重个案
反映概念基本原理的策略	
8. 关键个案	对理论、项目或其他现象进行重要测试的个案
9. 基于理论或具有可操作性的结构	显现一个特定理论结构的个案
10. 证实或驳斥个案	有可能证实或驳斥以前个案研究发现的个案
11. 标准	满足一个重要标准的个案
12. 政治上重要的个案	出名的或政治上重要的个案
突然出现的策略	
13. 机会主义	数据收集中被选择用来利用无法预测机会的个案
14. 滚雪球	由知道另一部分个体可能提供相关丰富信息数据的个体所建议的个案
缺乏基本原理策略	
15. 便捷性	因为可以获得而被选择的个案

3. 资料收集

(1)资料收集的主要方法

个案研究中广泛使用的数据收集方法主要包括以下几种:第一,文件。文件在个案研究中经常被用于对由其他来源收集到的资料进行证实或证伪。使用文件时应明白它们并非事件的真实记录,如对同一事件进行报道,不同的新闻媒体机构有可能会有不同理解。文件主要包括信件、备忘录、议事日程、会议记录、新闻文章、管理文件等。第二,档案记录。档案记录是个案研究中被广泛使用的收集数据方法。个案研究者可以把档案记录和其他来源的信息结合起来使用。值得注意的是,虽然许多档案记录被高度量化,但数字本身并不能作为精确度的标志。因此,研究者应仔细核实与研究密切相关的档案记录的准确性。档案记录主要包括公共事业档案,如普查资料、政府使用的统计资料等;服务性文件,如关于某一时间段客户数目的记录;组织记录,如预算和人事记录;地图与图表:如某地的地理特征;调查资料,如姓名列表、调查数据和其他记录等。第三,访谈法。访谈法是个案研究中常用的收集数据方法。访谈形式既可以采用结构性的标准化形式,按照事先设计的提纲进行访谈,也可以是开放性的,通过自然对话的形式进行。在访谈时应遵循自己的提问线索,就如在个案研究方案中设计的那样;提问方式不带有任何偏见,以得到所需要的信息。第四,观察法。观察法能帮助个案研究者详细地描述和记录正在发生的事件。参与式观察和直接观察是个案研究中运用比较广泛的两种观察方法。第五,实物证据。实物证据包括工具、测量仪器和在研究中收集的其他物质证据,如相片、录像等。如,教育运行模式的个案研究中,对某学校实施教育以来的记录、新闻报道、图片等信息进行收集与分析,以确定研究背景。①

(2)资料收集的主要原则

第一条原则是使用多种来源收集资料。个案研究主要从有六种来源收集资料:文件、档案记录、访谈、直接观察、参与性观察、实物证据。② 每种资料来源都具有优缺点和适用范围,因此,教育研究者在个案研究中一般使用多种来源收集资料,并对不同来源的资料进行相互印证,即证据三角形(或三角互证法)。证据三角形有助于提高个案研究的建构效度,因为与仅使用一种来源资料的个案研究相比,使用多种来源资料的个案研究可通过不同来源资料对同一教育现象进行相互证明,所得出的研究结果或结论更具说服力。巴顿提出了四种类型的证据三角形:资料三角形——不同的证据来源;研究三角形——不同的评估员;理论三角形——不同的维度;方法论三角形——不同的方法。③

---

① 罗伯特·K.殷:《案例研究:设计与方法》,周海涛等译,重庆大学出版社2010年版,第111~122页。

② 罗伯特·K.殷:《案例研究:设计与方法》,周海涛等译,重庆大学出版社2010年版,第109页。

③ 罗伯特·K.殷:《案例研究:设计与方法》,周海涛等译,重庆大学出版社2010年版,第123~125页。

第二条原则是在整理收集资料的基础上建立案例研究的资料库。符合规范的、分类清晰的、直观易懂的资料库不仅有利于这些资料被个案研究者直接使用,还有利于个案研究信度的增强。建立资料库的方法主要有以下四种:

案例研究记录:记录的功能是经过整理、归类、补充完整以供日后使用。记录的分类可按照案例研究的主题进行,以便于研究者本人或他人日后查找使用。在形式上,记录可以是手写的、打印的、音频的、电子文本的;在内容上,记录可以是访谈、观察、文件分析等。

案例研究文件:依据文件的重要性建立不同等级的文件夹和给文件编写目录都是建立资料库、方便保存和检索资料的有效方法。

图表材料:各种图表材料,无论是基于调查、观察统计,还是档案资料,都需要进行分类整理和保存,以便于研究者检索和使用。

描述:个案研究者做出的各类描述也是建立资料库的重要方法。研究者对个案研究方案中各项问题和答案进行适当修改后的描述可以为个案研究报告奠定一定的基础。①

第三条原则是形成一系列证据链。该原则有利于增强个案研究中证据的信度。完整证据链的形成主要遵循以下要求:首先,个案研究报告应充分引用个案研究资料库中的具体证据,如具体的文件、访谈记录和观察记录等。其次,个案研究资料库应明确指出这些具体证据是在什么情况下(如时间、地点等)被收集的。再次,这些具体证据应与个案研究方案中的资料收集步骤和研究问题相一致。最后,个案研究方案应体现证据、方法论步骤与研究问题之间的相互关系。②

4. 数据分析

(1)数据分析的过程

个案研究的数据分析包括以下过程:第一,框架建构。框架建构是数据分析的第一步。研究者反复浏览材料,直到建构起一种能将各种数据都包含在内

① 罗伯特·K. 殷:《案例研究:设计与方法》,周海涛等译,重庆大学出版社 2010 年版,第 127~131 页。

② 罗伯特·K. 殷:《案例研究:设计与方法》,周海涛等译,重庆大学出版社 2010 年版,第 131~133 页。

的框架,然后再对数据进行分析。第二,现场内分析与跨场地分析。对于多个案例的数据分析,要同时使用两种分析策略,即先使用现场内分析策略对每个个案进行分析,再使用跨场地的分析策略对全部个案进行筛查以得出共同要素,并关注影响出现异同的因素。第三,同步考虑结果和理论。为了调整和深化现存理论,应在数据分析的最后阶段,同步考虑个案研究的结果和现存的理论,以提高个案研究对科学理论建构做出贡献的可能性。

(2)数据分析的技术

个案研究的数据分析主要涉及以下技术:第一,模式匹配。模式匹配是将建立在实证基础上的模式与建立在预测基础上的模式进行匹配的数据分析技术。如果两种模式之间具有较强的一致性,那么研究结果或结论的内部效度也较高。第二,建构解释。建构解释是通过对个案所涉及的教育现象提出假定因果关系的方式来分析个案研究资料的数据分析技术。运用建构解释时,应注意以下问题:对个案事实的精确再现,对这些事实不同解释的考虑,根据最符合事实的一种解释得出结论。第三,时序分析。时序分析是运用概率统计的相关原理,通过分析历史资料中数据的发展变化规律,来预测未来趋势的数据分析技术。时序分析可分为简单时序和复杂时序。在个案研究中使用时序分析技术时,应在收集资料之前就确定特定的指标、划分不同时段以及推测几个事件之间可能存在的因果关系。第四,逻辑模型。逻辑模型是研究者将实际观察到的事件与理论预测到的事件进行比较的数据分析技术。逻辑模型是一定时期内各个事件之间因果循环的严密链条。这些事件之间能呈现出循环的因果关系,即前一事件的因变量将成为下一事件的自变量。运用逻辑模型时,要在收集资料之前就确定选择哪种逻辑模型,并要考察和检验资料是否支持该逻辑模型。根据分析单位的不同,逻辑模型可以分为个体层面的逻辑模型、组织层面的逻辑模型、项目层面的逻辑模型等。第五,跨个案聚类分析。跨个案聚类分析是对两个以上案例进行研究的数据分析技术。跨个案聚类分析的常用方法是通过编制文档表格的方式来构建一个呈现个案资料的总体框架。对跨个案表格分析的关键是对数字的分析和解释,而不是数字的简单罗列。①

① 罗伯特·K. 殷:《案例研究:设计与方法》,周海涛等译,重庆大学出版社 2010 年版,第 146~171 页。

(3)数据分析的策略

在进行数据分析时,研究者主要采用四个策略:第一,分析应明确考虑了所有的资料。在分析和解释资料的过程中,应涵盖所有的资料,不能遗漏任何资料。第二,分析应涉及主要的竞争性解释。竞争性解释是其他学者对研究报告中研究结果的某些方面的不同解释。如果能找到相关资料,那么要考虑能推导出何种结论;如果不能找到相关资料,那么要考虑是否应说明这个不同结论属于当前研究的不足之处或今后进一步研究之处。第三,分析要阐明个案研究中最有意义的方面。无论是单个案研究还是多个案研究,如果研究者重点分析了最重要的问题,就表明运用了最好的分析技术。如果没有过多讨论次要问题,分析自然会主次分明,且没有忽略最主要的问题。第四,分析应合理运用研究者原有的专业知识。如果研究者对研究领域当前的观点和学术话语非常熟悉,是比较理想的情况。①

5. 报告撰写

(1)个案研究报告的构成

问题的提出:主要陈述研究目的、理论背景和研究的主要问题,界定关键术语。

研究方法:主要介绍研究对象的选取及其人口学特征(对个案的具体描述以及如何进行取样)、数据收集和分析的方法、研究过程、研究背景和个案历史、研究的持续时间及用来保护参与者身份和隐私的知情同意书。

研究结果:主要阐明研究发现,使用、引用和节选对数据进行解释,构建完整的、概念性的分析和解读,对可能影响数据分析的因素进行讨论。

讨论与结论:主要说明个案研究与更广泛的理论和实践议题之间的联系,对研究结果进行推理和概括。

(2)个案研究报告的规范

尽管个案研究报告没有统一的标准格式,呈现出多样化的特点,但个案研究报告仍然应遵循一些基本的撰写规则:第一,研究者应使用第一人称和主动时态。如使用我,而不是研究者。我采访了教师们,而不是教师们被研究者采

① 罗伯特·K. 殷:《案例研究:设计与方法》,周海涛等译,重庆大学出版社 2010 年版,第 171 页。

访。这有助于研究者确立自身在研究中的地位,积极参与研究。第二,个案研究应遵循研究的伦理性原则。要使用假名,要对参与者的身份和信息保密。第三,个案要有代表性。所选取的个案应能反映真实的生活,或过去研究所未涉及的。第四,个案要有理论意义(体现某一著名理论)或实践意义(用于指导现实生活)。第五,个案研究报告要有充分的事实依据。第六,个案研究报告的结构要完整,并应考虑多方的观点。第七,个案研究报告要有连贯性。应按照一定顺序陈述观点,报告从头到尾要体现词、概念、主题发展的持续性,可以通过使用过渡词来实现。第八,表达清晰。研究者要明确在报告中应呈现什么,避免冗长累赘的词语。[①]

第四节　现象学研究法

一、现象学研究法的概述

1. 现象学研究法的内涵

为了理解现象学研究法的内涵,需要了解一些与现象学相关的核心概念。

现象学是指描述一个或多个个体对一个现象或事物的意识和体验的学科。现象学关注的基本问题是某个个体或多个个体对这个现象体验的意义、结构和本质是什么?例如将自己视作教师实施教学活动的体验、成为少数群体成员的体验,或是赢得创新创业大赛的体验。[②] 现象学研究是指通过描述和分析来还原事物或现象意义的研究方式、研究步骤和研究程序的研究。

生活世界(life-world)是指现象学奠基人、哲学家埃德蒙·胡塞尔(Edmund Husserl)提出的人们日常生活的世界和个体直接体验的未经反思的内部世界,即前反思世界。与生活世界相对应的科学世界则是指经过思考、定义、分类、概

① 陈向明:《教育研究方法》,教育科学出版社 2013 年版,第 314 页。

② 伯克·约翰逊、拉里·克里斯滕森:《教育研究:定量、定性和混合方法》,马健生等译,重庆大学出版社 2015 年版,第 354~355 页。

括、理论化的“人化”世界。胡塞尔认为,现象学应抛开这个“人化”世界,在前反思世界的基础上建立科学。生活体验源于生活世界,是个体在一定时间和空间生活时的亲身经历和体会。生活体验是现象学研究的基础,也是现象学研究的起点和终点。①

意识是现象学研究的对象。现象学对生活世界中现象的研究就是探讨在生活世界中人的意识对现象的反映,即人的体验。

直觉是现象学的主要概念。胡塞尔认为直觉是人与生俱来的能力,天生能产生有效和正确的判断。直觉是人类知识产生的基础,它不受日常感觉和自然态度的影响。借助直觉反思这一过程,将看到的内容进行转换,现象学能让所有的事物都清晰明了。悬置(或加括号)是指把人们不知或未曾证明的东西放进括号里,不作讨论也不作否认,并在此基础上构建理论。悬置要求研究者把与某一现象有关的所有前认识放置在一边,充分理解主体的体验。②

现象学研究的目的就在于进入个体的生活世界,描述一个或多个个体对某一现象的生活体验,发现现象的意义。换言之,要了解研究对象的生活世界,理解他们从“经历过的体验”中建构起来的个人意义,即这些事情对他们来说意味着什么。它不强调对现象的精确描述,而是以这些描述为基础,发现隐藏在现象中的本质。③

2. 现象学研究法的类型

现象学研究法主要有两种类型:

(1)关注个体体验的现象学

现象学可以用来关注个体体验的特征。不同的个体对于同一事件或对象可能会有不同的体验和看法。例如一所学校雇用新校长,对某位教师来说,这也许意味着学校将走向正确的方向,因此他感到慰藉;对另一位教师而言,这种改变可能会带来不确定性,因此他感到愤怒和焦虑不安。在教育领域,建构主

① 伯克·约翰逊、拉里·克里斯滕森:《教育研究:定量、定性和混合方法》,马健生等译,重庆大学出版社 2015 年版,第 354~355 页。

② 伯克·约翰逊、拉里·克里斯滕森:《教育研究:定量、定性和混合方法》,马健生等译,重庆大学出版社 2015 年版,第 354~355 页。

③ 伯克·约翰逊、拉里·克里斯滕森:《教育研究:定量、定性和混合方法》,马健生等译,重庆大学出版社 2015 年版,第 354~355 页。

义教学的信条就是教师需要理解每个学生独一无二的视角,以便于接触和更好地了解每个学生个体及其需要。因此,建构主义教学理论中也有现象学成分。①

(2)关注要素的现象学

关注要素是现象学研究的重要特征。现象学研究者并不认为个体体验是独一无二的,而是认为人类体验存在着一些共性。这些体验的共性被称为体验的要素或不变的结构。例如在有关学业失败的案例中,每个个体的体验可能会有所不同(变化的结构),但对不同个体来说,沮丧和痛苦可能会是他们共同的体验(不变的结构)。要素是一项体验的基本特征,它普遍存在于一个现象的个别案例中。研究者可通过研究某一现象的多个案例,找出不同的人共有的体验,从而提炼出相应的要素。要素通常比特定体验的文字描述更抽象和凝练。②

二、现象学研究法的实施步骤

现象学研究法在实施过程中通常遵循三个步骤③:

1. 收集资料

收集资料是开展现象学研究的第一个步骤。教育研究者经常通过深度访谈等方式从许多个体那里收集资料,描述他们对某事物的体验。研究者使用访谈资料,将研究被试描述的体验简化成共同的核心或要素。研究被试要探究他们的体验,就必须在脑海中再次体验这些经历,他们要能够专注于这一体验而不是其他杂念。从被试处收集资料主要有两个方法。一个方法是让每个被试回忆和思考其经历过的特殊体验,然后向研究者描述那次体验。研究者可以通过提出一般性问题让被试谈论他们的体验。例如请详细描述你第一次被老师表扬的体验。当你开始思考你第一次被老师表扬的体验时,你脑海中出现的是什么?另一个方法是让被试写出他们的体验,然后将写出的故事递交给研究者。两种方法都可行,但访谈效果通常会更好。

---

① 伯克·约翰逊、拉里·克里斯滕森:《教育研究:定量、定性和混合方法》,马健生等译,重庆大学出版社 2015 年版,第 356 页。

② 伯克·约翰逊、拉里·克里斯滕森:《教育研究:定量、定性和混合方法》,马健生等译,重庆大学出版社 2015 年版,第 356 页。

③ 伯克·约翰逊、拉里·克里斯滕森:《教育研究:定量、定性和混合方法》,马健生等译,重庆大学出版社 2015 年版,第 358~359 页。

2. 分析资料

分析资料是开展现象学研究的第二个步骤。首先，教育研究者一般通过寻找重要的语句进行资料分析，这些语句（一些词或短语、一个或一些句子）与研究现象有特殊的关系。例如当研究者请一个教育学院的学生描述学校是什么样时，该学生说出的一个语句是“在学校，我们大家就像一家人”。如果这个语句符合他的其他陈述，那么这个语句可能是重要的。总之，要决定一个语句是否重要，研究者应该思考：“这个语句对描述其体验的被试有意义吗？这个语句描述体验了吗？这个语句接近被试的体验吗？”许多研究者喜欢逐字逐句地记录重要的语句（被试的原话）。有些研究者还喜欢通过列出意义列表来解释和描述重要语句的意义。例如在教育学院学生给出的语句中，研究者可能总结说学生将学校看作一个家庭是因为那有一个教师（家长）和其他学生（家庭成员），这个家庭一起活动。这是一个由研究者完成的解释过程，应该由被试来证实。其次，研究者在列出重要的语句和意义之后，要从资料中寻找主题。换句话说，即找出被试认为什么样的事情对他们是重要的。研究者可能发现某些个体或群体（例如男性和女性）对体验的描述有所不同。这样的信息对理解个人或群体的不同很有用。然而，现象学研究者通常最感兴趣的是描述整个群体的体验结构（要素）。研究者所描述的体验的基本特征几乎是所有被试的共同体验。最后，研究者要尽可能地在这个过程中使用成员核实法来验证效度。这意味着研究者应该让最初的被试评论研究者对他体验的解释和描述，特别是对体验基本结构的描述。

3. 撰写研究报告

撰写研究报告是开展现象学研究的最后一个步骤。现象学研究报告主要包括关于收集资料方法的描述，关于体验的详细描述，以及关于研究结果的讨论。一份高质量的现象学研究报告可以通过描述被试的现象体验，让读者代入到被试的角色中，换位思考，如果自己经历这样的现象会产生何种体验。

第五节　扎根理论研究法

一、扎根理论研究法的概述

1. 扎根理论研究法的内涵

扎根理论研究法是针对某一现象，在运用系统化的程序收集和分析资料的基础上，从资料中归纳和发展某个理论的一种定性研究方法。

与其他定性研究方法不同，扎根理论研究法研究目的是从原始资料中生成理论，而不是对教育现象进行描述、解释和预测。

2. 扎根理论研究法的历史发展

扎根理论研究法是由两个学者邦尼·格拉泽(Barney Glaser)和安塞尔姆·施特劳斯(Anselm Strauss)于1967年在一本书中首次提出的。他们认为，理论应该从经验资料中归纳而来。施特劳斯和科尔宾(Strauss & Corbin)于1990年再次诠释了扎根理论。他们提出，扎根理论的本质是归纳。[①]

扎根理论研究法来源于两种理论思想：一是哲学的实用主义理论，该理论强调行动的作用，注重对问题情境的处理和解决问题过程中生成的方法；二是社会学的符号互动理论，该理论强调从行动者视角对社会互动、社会过程和社会变化进行理解和诠释，注重运用观察和访谈的方法收集资料。[②]

3. 扎根理论研究法的特征

邦尼·格拉泽等学者提出了扎根理论研究法的四个重要特征[③]：

---

① 伯克·约翰逊、拉里·克里斯滕森：《教育研究：定量、定性和混合方法》，马健生等译，重庆大学出版社2015年版，第371~372页。

② 朱丽叶·M.科宾、安塞尔姆·L.施特劳斯：《质性研究的基础：形成扎根理论的程序与方法》，朱光明译，重庆大学出版社2015年版，第2~6页。

③ 伯克·约翰逊、拉里·克里斯滕森：《教育研究：定量、定性和混合方法》，马健生等译，重庆大学出版社2015年版，第372~373页。

第一,符合。理论必须与资料相符合。研究者经常会无意识地将自己的主观意愿、偏见、价值观或受其他理论启发得到的预设映射到其所发展的理论中。为了避免研究者主观因素对理论形成产生过多影响,必须使理论建立在所收集的资料基础上,以事实为理论生成的依据,即让理论与资料相符,而不是与研究者个人的主观意愿、偏见、价值观或预设相符。

第二,理解。理论必须清晰地表述。清晰陈述有助于教育实践工作者理解理论,并运用理论指导他们解决具体的教育实践问题。反之,如果理论的表述较为混乱和晦涩难懂,则将导致教育实践工作者难以在实际工作中理解和运用该理论。

第三,普遍性。理论必须具有普遍性。经由扎根理论研究法产生的理论应该适用于较为普遍的情况、范围或群体,而不是适用于特殊的情况、范围或群体。以超越原始资料特殊性的抽象和概括对理论中的概念进行构造是避免理论特殊性的有效策略。

第四,控制。理论必须能被使用者控制。如果理论被使用,那么使用者应该可以在一定程度上控制被理论解释的现象,从而增强理论应用的可行性。研究者识别可控变量并将其建构到扎根理论中,是保障理论控制的重要策略。

4. 扎根理论研究法的优点和局限性

扎根理论研究法主要具备以下优点:首先,忠于原始资料。教育研究者在扎根理论研究实施之前并不提出研究假设,而是在资料收集过程中,经过对原始资料的分析、归纳和概括,提出自己的理论假设,并最终上升到系统的理论。扎根理论研究法始终以原始资料为依据,遵循的是归纳的逻辑,而不是以某种理论为依据和演绎的逻辑。其次,注重过程和研究者的主观能动性。扎根理论研究法基于过程的视角研究教育现象和教育行为,研究者可以充分发挥主观能动性,依靠自己的经验、理论敏感性等对研究过程加以调控。最后,有助于促进新教育理论的建构。扎根理论研究法在自下而上建构新理论方面具有一定优势,教育研究者可以通过寻找核心概念和在概念间建立关系的方式生成新的教育理论和教育思想。

扎根理论研究法主要存在以下局限性:首先,比较耗费研究者的精力和时间。开展扎根理论研究时,研究者无论在工作准备方面,还是在现场观察和资料收集方面都需要花费大量精力和时间。其次,扎根理论研究不仅要求研究者具有“资料收集”与“理论分析”持续互动的能力,还要求研究者具有对情境进行主观界定和对资料进行主观解读的能力。这就需要研究者具备较高的理论敏感性和理论素养。最后,理论生成的过程比较困难。在研究过程中,研究者需要持续分析和概括大量新收集的资料,这对研究者发展概念来说具有一定难度。同时,寻找概念类属之间的关系对研究者来说也具有一定难度。这就使理论的生成过程变得比较困难。

二、扎根理论研究法的实施步骤

1. 选择主题

做扎根理论研究的教育研究者首先要选择一个研究题目。与选择题目有关的两个主要问题是:第一,确定研究问题。扎根理论研究的问题主要来自导师建议或指定的问题、文献的问题、个人实践经验的问题等。研究者应该从不同来源中选择和确定要研究的问题。第二,界定和陈述问题。定性研究更侧重提出假设而不是验证假设。定性研究隐含的假设是与某个现象有关的概念,或者没有被识别,或者没有得到充分发展,或者被理解得不充分,需要进一步被研究才能理解。因此,需要对问题做出明确的界定,以引导研究者深入资料去探究那些重要的主题。同时,还需要对问题进行明确和规范的陈述,以指明研究的教育主题,并为研究者的探索提供一定的自由度和灵活度。

2. 设计研究方案

(1)运用文献

对于扎根理论研究法来说,原始资料、研究者个人的解释及文献之间存在着密切的关系。一方面,文献对于开阔研究视野、拓展研究思路和提供理论框架具有一定的作用。另一方面,研究者个人的解释与原始资料之间的连续互动,对理解原始资料和从原始资料中生成理论的过程中也发挥着重要的作用。因此,研究者应注意保持原始资料、研究者个人的解释及文献之间的互动。

(2)运用理论框架

在定量研究中,理论框架很常见,它为选择研究概念、提出研究问题及形成研究结果提供了一个概念指导。在定性研究中,对于是否应该使用框架及如何

使用还存在分歧。但许多定性研究者确实使用理论框架。在扎根研究中,理论框架的运用具有多重作用:第一,确定研究问题后,研究者发现原先提出的框架和研究者当前研究中所揭示的情况非常一致。因此,研究者可以用它来补充、拓展及证明自己的研究发现。来自文献的框架还可以用来提供另外一种解释。第二,如果研究者正在建立一个研究程序或想要形成中层理论,那么一个已有的理论框架可以为其提高洞察力、方向及一系列有用的初始概念。第三,理论框架能帮助研究者决定要使用的方法论。研究者常用理论框架来证明他使用特定的方法论或采取某种取向的合理性。

3. 收集资料

扎根理论研究者可以通过多种方式,获得多种资料来源。访谈、观察等都是扎根理论研究者常用的资料收集方式。由于运用这些方式收集的资料质量将直接影响资料分析的质量,因此,扎根理论研究者在进入研究情境之前,应接受访谈和观察等方式的训练并通过实践不断提高技巧。扎根理论在收集研究资料时的重要步骤是理论抽样,而判断资料收集充足程度的依据是能否达到理论饱和。

(1)理论抽样

理论抽样是以生成于资料分析中的概念作为指导,来推动新一轮资料收集的抽样方法。与其他形式的抽样不同,理论抽样不是研究开始之前计划的,也不关注样本如何代表总体,而是在研究过程中由概念驱动演化发展的,更关注与问题和群体相关的概念及寻找阐明概念的事件,其目的在于通过收集资料和分析形成概念,并从不同维度出发寻找和揭示概念之间的关系。①

与其他形式的抽样相比,理论抽样具有以下两个优势:第一,有利于探索新的研究领域。理论抽样对于探索新的研究领域具有重要作用,因为它能够使研究者利用偶然事件和变化来拓展概念和理论的范围。第二,有利于研究问题的具体化。随着时间的推移,理论抽样将变得更加具体,因为研究者想要让类属

① 朱丽叶·M. 科宾、安塞尔姆·L. 施特劳斯:《质性研究的基础:形成扎根理论的程序与方法》,朱光明译,重庆大学出版社 2015 年版,第 153 页。

更加饱满,所提问题就会变得更加具体。[①]

理论抽样一般遵循以下步骤:第一,确定抽样的人物、时间和地点。理论抽样一般开始于第一次资料分析之后,终止于研究完成。研究者经常在分析资料或撰写研究报告的过程中有新的发现,需要进一步收集资料。因此,理论抽样的时间一般贯穿整个研究过程。理论抽样的地点一般是由研究者的研究问题决定的。例如如果研究者对某一学校的教育管理者关于推进劳动教育的教育决策感兴趣,就需要到教育管理者做出决策的地点去观察究竟发生了什么。此外,对一个理论抽样的地点需要研究多长时间取决于该地点能否继续为研究者所要研究的概念提供资料。只要这个地点能够为研究者提供相关资料,就应该持续在该地点进行研究。第二,确定抽样要收集的资料类型。研究者在进行理论抽样时,需要确定选择哪些类型的资料才能更好地回答问题或获取相关信息。为此,研究者需要在文献、访谈、观察、音频等资料中做出选择,或同时收集多种资料。第三,确定理论抽样的路径。在进行理论抽样时,研究者所遵循是基于分析引导的路径,即收集资料、分析资料,进一步收集资料、继续分析资料,循环反复直至一种类属达到饱和点。[②]

(2)理论饱和

理论饱和状态是指在收集资料的过程中,资料开始出现重复,且资料收集不再能产生新的概念或理论。理论饱和是研究者判断理论抽样数量是否充足的重要标准。当教育研究者在收集资料时,不再有新的或重要的资料出现,研究者就可以停止理论抽样了。

4. 分析资料

(1)分析资料的方法——连续比较法

扎根理论研究法的资料分析被称为连续比较法,即研究者在资料与理论之间进行连续不断的比较过程中,根据二者之间的相关关系提炼出有关的类属[③]

---

① 朱丽叶·M. 科宾、安塞尔姆·L. 施特劳斯:《质性研究的基础:形成扎根理论的程序与方法》,朱光明译,重庆大学出版社 2015 年版,第 156 页。

② 朱丽叶·M. 科宾、安塞尔姆·L. 施特劳斯:《质性研究的基础:形成扎根理论的程序与方法》,朱光明译,重庆大学出版社 2015 年版,第 156~158 页。

③ 类属:是在持续不断地比较分析过程中,基于某个共同特征而建立的一组数据。类属可以分为描述性类属和分析性类属。

及属性。

研究者在连续比较过程中需要保持一定的理论敏感性。与其他定性研究侧重于对现象进行细致描述分析不同，扎根理论研究法致力于对理论的建构。扎根理论研究法认为理论比描述更具有解释力，因此它强调理论敏感性对研究者的重要性。拥有理论敏感性不仅有助于研究者在收集资料的过程中有一定的方向和焦点，做出收集哪些资料的决定，还能帮助研究者在对资料进行比较分析的过程中寻找到那些可以准确表达资料内容的概念。①

连续比较法一般遵循以下步骤：第一，对资料进行比较。研究者在对资料进行编码②后，还应将资料归到概念类属中，并将编码的资料置于相同和不同概念类属中加以比较，为每一个概念类属寻找属性。第二，对概念类属进行比较。研究者需要不断比较分析概念类属间存在的关系，并以某种方式把这些关系联系起来。第三，对资料和理论进行比较。研究者在从资料中生成初步理论后，需要在初步理论和原始资料进行不断比较和验证，从而不断地对初步理论进行优化。第四，对理论进行陈述。研究者对经由资料之间和理论之间的持续比较后生成的理论进行清晰的描述，从而呈现原始资料、概念类属等关系。③

(2)分析资料的阶段——三级编码

扎根理论研究法的资料分析分为三个阶段：

第一阶段：开放编码。开放编码(一级编码)是资料分析的第一阶段，是对资料的初次编码，其主要任务在于发现概念类属。在进行开放编码的过程中，研究者需要摈弃原有的思维定势、个人偏见和理论预设，以开放的心态对资料进行分解、检视和比较，从资料中寻找和命名概念类属，从而确定类属的属性和维度。这一阶段的重点在于对资料的开放式探究和对资料中概念的挖掘。④

第二阶段：主轴编码。主轴编码(二级编码)是资料分析的第二阶段，其主

① 伯克·约翰逊、拉里·克里斯滕森：《教育研究：定量、定性和混合方法》，马健生等译，重庆大学出版社 2015 年版，第 374~375 页。

② 编码：是研究者识别类属的过程，即研究者分析原始资料并将其用一个词或一个短句提炼成一个核心观点的过程。

③ 刘易斯·科恩、劳伦斯·马尼恩、基思·莫里森：《教育研究方法》，程亮等译，华东师范大学出版社 2013 年版，第 722 页。

④ 伯克·约翰逊、拉里·克里斯滕森：《教育研究：定量、定性和混合方法》，马健生等译，重庆大学出版社 2015 年版，第 375 页。

要任务在于发现概念类属之间可能存在的各种关系。这些关系包括因果关系、时间关系、语义关系、情境关系、相似关系、差异关系、结构关系、功能关系、过程关系等,它们反映了资料中各个部分之间的关联。在进行轴心式登录过程中,研究者一般遵循以下步骤:第一,探究类属之间的关系。在对一个概念类属进行深度分析时,研究者要围绕这个类属(主轴)探寻相关关系,并在概念层面上联结各个类属。第二,区分主要和次要类属。在各组概念类属间建立关系之后,研究者需要对主要类属和次要类属进行区分。第三,建构理论雏形。在对各种类属关系进行区分之后,研究者还应基于实践理性,建构一个以解决现实问题为行动取向的理论雏形。①

第三阶段:选择编码。选择编码(三级编码)是资料分析的第三阶段,其主要任务在于发现核心概念类属和构建理论模型。在发现全部概念类属后,研究者应在分析的基础上选择一个能对其他概念类属起到统领作用的"核心概念类属"。核心概念类属被确定以后,可以将绝大多数的概念类属包含在一个较为宽泛的理论范畴内,并为下一步进行理论抽样和资料收集提供方向。在进行核心式登录过程中,研究者一般采取以下步骤:第一,提出资料的故事线;第二,描述主类属、次类属及其属性和维度;第三,检验初步的假设;第四,筛选核心概念类属;第五,在核心类属与其他相关类属之间建立起系统的联系,并剔除不相关的类属。②

(3)分析资料的记录——备忘录和图表

备忘录是一种特殊类型的书面记录,是关于分析结果的记录。图表是来自分析和描述概念之间关系的直观工具。

备忘录和图表具有很多作用。首先,对保留分析记录至关重要。其次,促使分析者分析概念而不是原始资料,并让分析者能运用创造力和想象力激发出新的洞见。再次,促使分析者对资料进行思考,反映研究者的分析思想。最后,提供了一个储藏室,使分析概念能根据演化的分析框架分类、排序、重新整理和检索。

---

① 伯克·约翰逊、拉里·克里斯滕森:《教育研究:定量、定性和混合方法》,马健生等译,重庆大学出版社2015年版,第375页。

② 伯克·约翰逊、拉里·克里斯滕森:《教育研究:定量、定性和混合方法》,马健生等译,重庆大学出版社2015年版,第375~376页。

撰写备忘录和制作图表有如下技巧:第一,给备忘录和图表标注日期。第二,为每一个备忘录和图表创建一个标题。第三,将一小段原始资料或描述放到备忘录中,加上日期、页码和所有其他方便检索的信息。第四,在撰写备忘录时要概念化而不是描述。①

5. 建构理论

(1)理论建构

从资料中建构理论是扎根理论研究的重要目标。扎根理论研究者认为,只有产生于原始资料的理论才具有鲜活的生命力,只有与资料相符合的理论才具有指导教育实践的实际用途。因此,与其他研究方法不同,扎根理论研究法重视对资料的深入分析和以经验事实为依据,通过在不同的概念之间建立联系和进行整合,逐步形成理论框架,建构适用于特定时空的实质理论,进一步生成具有普适性的形式理论。②

(2)理论评价

扎根理论研究法对理论的检验与评价标准主要有以下四条:第一,理论应该与资料高度匹配。扎根理论研究法要求研究者提炼出的概念必须来自原始资料,所生成的理论也必须可以得到原始资料的验证和支持,理论和资料之间应该具有较高的匹配度。第二,理论中的概念应该密集。扎根理论研究中所生成的理论应该是由一系列数量密集的概念构成。这些密集的概念共同构成了复杂的理论情境。与侧重于对教育现象进行深度描述不同,扎根理论研究法更重视理论中概念的密集程度。第三,理论中的每个概念之间应该具有系统的联系。扎根理论研究中建构的理论应该是由彼此间有紧密联系的一系列概念构成。理论中的每个概念之间彼此交织,共同形成一个具有内在联系的统一整体。第四,理论的概括化程度应该较强。由一系列彼此联系的概念构成的理论应该具有较强的应用价值,即理论应该具有较大的适用范围和对现象具有较强

---

① 朱丽叶·M.科宾、安塞尔姆·L.施特劳斯:《质性研究的基础:形成扎根理论的程序与方法》,朱光明译,重庆大学出版社 2015 年版,第 127~150 页。

② 朱丽叶·M.科宾、安塞尔姆·L.施特劳斯:《质性研究的基础:形成扎根理论的程序与方法》,朱光明译,重庆大学出版社 2015 年版,第 169~205 页。

的解释力。①

6. 撰写研究报告

一份扎根理论研究报告要反映扎根理论产生的过程。扎根理论的研究报告在结构上主要由四方面内容构成:第一是绪论部分,介绍研究问题以及研究被试的情况;第二是方法部分,阐明资料收集的方法;第三是结果部分,描述和解释基于研究获得的大量信息;第四是讨论部分,讨论最终的扎根理论。

扎根理论研究报告的撰写有三种写法:第一种写法是叙事。这种写法是研究者将收集资料的经过整理分析后撰写成一个有线索、有情节、有教育理论的叙述故事。叙事的写法要求研究者侧重于用价值中立的立场对故事进行生动地描述,而不是对故事的教育理论做出过多的解释和价值判断。这种写法的优点在于实现了教育理论和教育叙事的有机整合,使读者在阅读故事的过程中就体会到其所蕴含的道理和启示。这种写法的缺点是教育理论被理解的程度容易受到叙事质量和读者阅读理解水平的制约。第二种写法是聚类分析。这种写法是研究者将收集到的资料按照不同的教育主题进行分类,然后再用对应的资料为每一个教育主题撰写叙述故事。聚类分析的写法要求研究者侧重于对故事中的教育理论解释,而不是对故事情节的描述。这种写作方式的优点在于清晰地揭示了主题和相关的教育理论。这种写法的缺点在于两个方面:一方面,与叙事的写法相比,聚类分析的写法缺乏生动的情节和明确的线索,会减少报告对读者的吸引力;另一方面,对教育理论的直接揭示,会减少读者对报告进行解读的兴趣。第三种写法是先叙事,后解释。这种写法是前两种写法的结合:研究者先对收集到的资料按照教育主题加以分类,然后在每一个主题下面使用相关的资料叙述一个有线索、有情节、有对应教育理论的故事,且每个教育主题和教育理论之间都存在内在的联系。在具体写作方式上,既可以夹叙夹议,也可以先叙后议。②

下面这篇论文《我国职业教育发展的政策集群结构特征:基于扎根理论的分析》是扎根理论研究法的一个应用案例。这篇论文发表于《高校教育管理》

① 刘易斯·科恩、劳伦斯·马尼恩、基思·莫里森:《教育研究方法》,程亮等译,华东师范大学出版社 2013 年版,第 723 页。

② 刘良华:《教育研究方法:专题与案例》,华东师范大学出版社 2007 年版,第 189 页。

2022年第4期，作者李立国等运用扎根理论研究法这一定性研究方法对2019年—2021年中央和地方颁布的一系列职业教育政策集群样本进行了研究，探讨了中央政策集群间、中央与地方政策集群间、地方政策集群间不同的结构特征和影响机制，并在此基础上提出了与之相对应的通过发挥职业教育政策集群作用和提升职业教育政策治理水平来促进职业教育发展的建议。该论文首先介绍了样本的分布、选择、处理和所采用的扎根理论等研究方法，然后从中央政策集群间的结构关系、中央地方政策集群间的结构关系和地方政策集群间的结构关系这三个维度阐明了对样本的分析结果，最后对研究结果进行了讨论，并提出了政策建议。本书主要引用了该论文第一部分样本分布与研究方法和第二部分实证分析的部分内容，向读者揭示如何运用扎根理论研究法的原理和步骤对某一个具体的教育问题进行定性研究。

我国职业教育发展的政策集群结构特征：基于扎根理论的分析①

李立国　蔡文伯

…………

二、实证分析

（一）中央政策集群间的结构关系

本研究运用扎根理论分析方法，通过Nvivo-12软件对中央职业教育政策集群样本自下而上逐级编码。

首先是开放式编码。本研究通过阅读并分析中央政策集群样本，标记出样本中政策目标与内容之间的关联性，挖掘具有政策目标价值的概括性范畴，整理后得到初级范畴（见表2）。限于文章篇幅，本研究仅对部分典型的原始语句进行展示。

其次是主轴式编码。本研究在开放式编码基础上进行理论概括和抽象，以形成职业教育政策方向性主题范畴。具体的，本研究在分析编码后，将“理论指导”“加强领导”“战略定位与部署”“制度体系建设”“服务社会需求”“财政支持”等初级范畴归纳为“方向引领”主范畴；将“扩招目标战略”“扩招保障落实”

① 李国立、蔡文伯：《我国职业教育发展的政策集群结构特征：基于扎根理论的分析》，载《高校教育管理》2022年第4期，第85~95页。

“扩招管理制度”等高职扩招相关领域的初级范畴归纳为“数量规模”主范畴；将“质量转变”“质量落实与提升”“质量保障”“质量标准与评价”等初级范畴归纳为“质量水平”主范畴(详见表2)。

再次是选择性编码。本研究依据主轴式编码形成的主范畴，建立最终的扎根理论编码研究范式。选择性编码是在主轴式编码基础上，通过对主范畴及其初级范畴的深度分析和提炼，在主范畴之间建立初步的理论关系。如表2所示，本研究经主轴式编码后形成了“方向引领”“数量规模”“质量水平”3个主范畴。根据3个主范畴的内涵及其所辖初级范畴的内在联系可知，“方向引领”是职业教育政策集群驱动职业教育发展的政策导向，在3个主范畴中居于核心地位，“数量规模”“质量水平”是职业教育政策集群驱动职业教育发展的具体方式，其目的就是达成“方向引领”这一核心范畴的目标，故而居于协同地位。

最后是理论饱和度检验。理论饱和度检验是对扎根理论有效性进行检验的重要步骤。本研究选取未纳入样本的《关于做好2021年高职扩招专项工作的通知》(以下简称“2021高职扩招文本”)进行饱和度检验。检验结果表明，“2021高职扩招文本”编码中，除原样本扎根理论编码主轴式范畴外未发现新的概念性范畴，职业教育政策集群扎根理论研究饱和度得到验证。

表2　中央职业教育政策集群样本编码范畴

主轴式范畴	初级范畴	典型原始语句
方向引领	理论指导	以习近平新时代中国特色社会主义思想特别是习近平总书记关于职业教育的重要论述武装头脑、指导实践、推动工作
	加强领导	加强党对教育事业的全面领导，全面贯彻党的教育方针，落实中央教育工作领导小组各项要求，保证职业教育改革发展方向正确
	战略定位与部署	没有职业教育现代化就没有教育现代化；职业教育与普通教育是两种不同教育类型，具有同等重要地位

续表

主轴式范畴	初级范畴	典型原始语句
	制度体系建设	完善职业教育体系,为服务现代制造业、现代服务业、现代农业发展和职业教育现代化提供制度保障与人才支持
	服务社会需求	现代职业教育体系框架全面建成,服务经济社会发展能力和社会吸引力不断提升;精准服务区域发展需求;服务乡村振兴战略,为广大农村培养以新型职业农民为主体的农村实用人才;高等职业学校要培养服务区域发展的高素质技术技能人才,重点服务企业特别是中小微企业的技术研发和产品升级,加强社区教育和终身学习服务
	财政支持	各级政府要建立与办学规模、培养成本、办学质量等相适应的财政投入制度,地方政府要按规定制定并落实职业院校生均经费标准或公用经费标准;新增教育经费要向职业教育倾斜
	扩招目标战略	将加快发展现代职业教育上升为国家宏观战略;坚持中央统筹、地方主责、系统化推进、质量型扩招
数量规模	扩招保障落实	各有关部门和各地要加大高职扩招相关政策的宣传力度,及时回应社会关切,解疑释惑、凝聚共识;做好高职扩招专项工作
	扩招管理制度	采取弹性学制和灵活多元教学模式,对退役军人、下岗失业人员、农民工和新型职业农民等群体可单独编班
		做好高职扩招专项考试工作;改革完善考试形式和内容,扩大中高职贯通培养招生规模
	质量转变	推动具备条件的普通本科高校向应用型转变
		职业教育基本完成由政府举办为主向政府统筹管理、社会多元办学的格局转变……由追求规模扩张向提高质量转变

续表

主轴式范畴	初级范畴	典型原始语句
质量水平	质量落实与提升	把发展高等职业教育作为优化高等教育结构和培养大国工匠、能工巧匠的重要方式；职业学校办学水平、人才培养质量和就业质量整体提升，职业教育的吸引力和社会认可度大幅提高，有效支撑地方经济社会发展和国家重大战略
	质量保障	建立国家技术技能大师库；加大政策供给，将“行动计划”与“十四五”事业发展同规划、同部署、同考核，确保改革发展任务落地；严把教学标准和毕业学生质量标准两个关口
	质量标准与评价	将标准化建设作为统领职业教育发展的突破口；发挥标准在职业教育质量提升中的基础性作用
		行政部门要简政放权并履行好监管职责；做优职业教育培训评价

根据前文扎根理论编码结果，本研究绘制了中央政策集群结构关系图（详见图2）。由图2可知，中央政策通过“方向引领”指导职业教育如何提升“质量水平”和扩大“数量规模”两个主要政策目标；反过来“质量水平”与“数量规模”共同保障“方向引领”政策目标的落实。“方向引领”是中央政策集群的核心主范畴，通过“理论指导”“加强领导”“战略定位与部署”“制度体系建设”“服务社会需求”“财政支持”等政策方案推动政策目标实现。扎根理论研究结果表明，中央职业教育政策集群在“方向引领”“质量水平”“数量规模”3个维度呈“协同驱动”结构，协同推动职业教育发展，即中央职业教育政策集群通过“方向引领”“数量规模”“质量水平”的“协同驱动”结构关系对职业教育发展进行政策赋能。

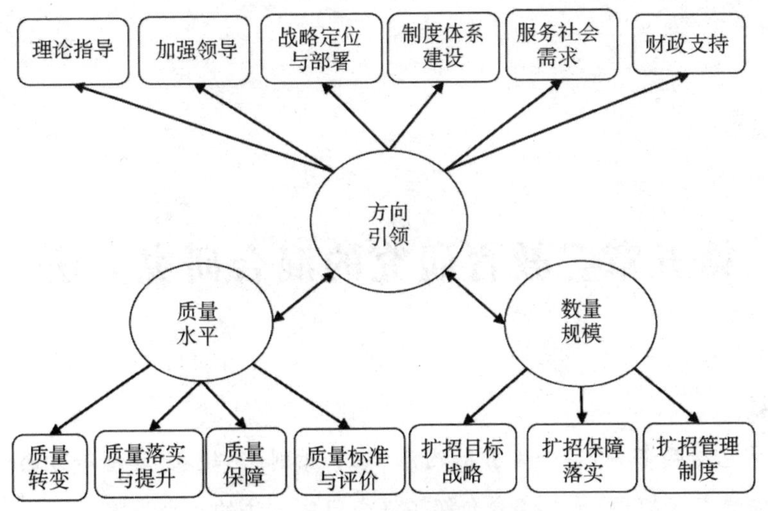

图 2　中央政策集群结构关系

…………

理论思考与实践应用

1. 你认为什么样的定性研究方法适合研究学院中一个在教育教学成效中总是胜过其他人的教师？为什么？

2. 如果你对一项解释性的教育定性研究感兴趣，并希望调查一些问题的原因和作用，你会选择哪种定性研究方法？为什么？

第五章 教育研究的混合研究方法

内容提要

本章包括两部分：第一部分从内涵、基本原则、优缺点、类型等方面对混合研究方法进行了概述；第二部分介绍了混合研究方法的八个步骤。

层次结构图

学习指导

1. 识记混合研究方法的基本原则。
2. 理解混合研究方法的常用符号系统。
3. 分析和评价混合研究方法的优势和局限性。
4. 遵循混合研究的步骤，创造性地运用混合研究方法进行教育研究。

第一节 混合研究方法的概述

一、混合研究方法的内涵

混合研究方法是指研究者将定量研究和定性研究的方法和技术结合在一起的一种研究方法。由于定量研究和定性研究有各自的优势和劣势,所以越来越多的研究者倾向于在同一研究中混合使用这两种研究方法,即使用混合研究方法。因为每种研究方法都有各自的优势和劣势,通过在一项研究中结合拥有不同优势和劣势的研究方法,可以避免错过重要的东西或犯错误。例如在进行教育研究时,实验研究法虽然能较好地证明因果关系,但囿于实验室的限制,在体现现实方面有一定局限。民族志研究虽然不能较好地证明因果关系,但可以进行田野研究,使研究者可以对自然情境下发生的行为进行观察,从而提高现实性。当两种方法都被使用时,因果关系和现实性都能得到很好的保障。

二、混合研究方法的基本原则

使用多样来源的证据保证或证明研究者的论断是混合研究方法的基本原则。根据这一基本原则,研究者应该以适当的方式将定量和定性研究方法、技术等进行结合,以得到一个具有互补优势和非重叠式弱点的整体设计。它将有助于研究者思考如何在一个个案研究中将定量和定性方法结合以回答研究问题。[①] 例如在一项教育研究中,定量研究中的实验研究法可以提供关于因果关系的许多证据。实验研究通常以非随机样本为基础,这虽然可以使研究具有很高的内部效度(因果关系有效性),但外部效度(泛化有效性)却很低。尽管研究者可以通过采用基于概率样本的调查方法来检验实验研究结果,以增加研究结果的普适性,但通过开展深度访谈的方法收集一些定性数据,来获得那些隐

① 伯克·约翰逊、拉里·克里斯滕森:《教育研究:定量、定性和混合方法》,马健生等译,重庆大学出版社 2015 年版,第 401 页。

藏在实验研究结果和数据背后的有关参与者的观点和意义的方式也可以进一步改善实验研究。

三、混合研究方法的优势和局限

混合研究方法在教育研究中具有以下优势：第一，获得更全面的研究结果。混合研究可以在单一的教育研究中使用多样的视角、理论和研究方法，把定量和定性研究的优势结合起来，并利用其中一种方法的优势来抵消另外一种方法的劣势（不重叠弱点的原则），以更好地实现教育研究中的单个目的或多重目的，并能在一个更广泛、更完整的范围内回答问题，增添对教育研究的洞察和理解，为单一的教育研究问题提供更深刻、更有意义的答案。第二，提升收集数据方法的创造性。混合研究可以通过汇集和验证研究结果的方式为教育研究结论提供更有力的证据（三角互证的原则）。定性数据能鉴别定量的测量问题，词语、图片、叙述都可用于为数字信息增添意义。定量数据能够为定性研究增加有关数量和频率方面的理解，数字信息可以用于为词语、图片、叙述信息增加精确度，定量研究的抽样方法可被用于增强定性结果的概括性。第三，增强理论的综合性和整合性。定量和定性研究相结合后能够产生整合型知识，这种知识最适合应用于教育的理论和实践之中。①

尽管混合研究方法在提高教育研究信度、效度和增强人们对问题的理解方面具有诸多优势，但仍然存在以下局限：第一，比单一研究方法要求更高。与单一的定量研究方法或定性研究方法相比，混合研究方法的设计和实施更为复杂，也对研究者的精力、时间、资源、专业技术等提出了更高的要求。第二，一些混合研究会得出相互矛盾的研究结果。在定量和定性两个研究阶段之间，矛盾的研究结果会促使研究者花费额外的时间、精力去收集更多的数据，或促使能够使知识形态、研究目标、问题得以重构的新研究的产生。此外，矛盾的研究结果还有可能引起利益团体间的意见分歧。因此，混合研究者应审慎考虑如何将矛盾的研究结论报告呈现给使用者。第三，混合研究的一些细节问题仍需研究方法专家解决。许多关于混合研究的细节问题，如范式混合的问题、定性分析

---

① 伯克·约翰逊、拉里·克里斯滕森：《教育研究：定量、定性和混合方法》，马健生等译，重庆大学出版社2015年版，第402页。

定量数据的技术问题、如何整合数据和推论、如何解释相互矛盾的结果等,仍亟待专家和学者的深入研究和探索。①

四、混合研究方法的类型

混合研究是一个新兴的领域。有研究者在对混合研究设计进行分类时,将混合方法研究定义为一个二维函数:时间方向(并行与顺序)和范式强调(平等地位与主导地位)。时间方向是指在一项研究中,定量和定性研究是被安排在同一时间阶段并行使用,还是被安排在不同时间阶段顺序使用。范式强调是指在研究过程中和对研究结果的解释方面,定量和定性研究范式是具有平等地位,或是其中一种研究范式更占据主导地位。在考虑混合研究的类型时,要考虑两方面的问题:第一,是否计划在研究中使用一种主导型的研究范式;第二,是计划并行使用还是顺序使用定量和定性研究范式。将上述两个维度进行交叉,就会形成一个 2(平等地位和主导地位)乘 2(并行和顺序)矩阵,即 4 个组合单元(见表 5-1)。② 混合研究中常用的符号系统如下:qual 或 QUAL 表示定性研究;quan 或 QUAN 表示定量研究;大写字母表示首要强调的等级;小写字母表示次要强调的等级;加号(+)表示并行使用;箭头(→)表示顺序使用。例如 QUAL+QUAN 表示在混合研究设计中,定性研究范式和定量研究范式具有平等地位,二者的使用顺序是平行的。QUAL→quan 表示在混合研究设计中,定性研究范式占据主导地位,定性研究的使用顺序在定量研究之前。③

---

① 伯克·约翰逊、拉里·克里斯滕森:《教育研究:定量、定性和混合方法》,马健生等译,重庆大学出版社 2015 年版,第 402 页。

② 伯克·约翰逊、拉里·克里斯滕森:《教育研究:定量、定性和混合方法》,马健生等译,重庆大学出版社 2015 年版,第 403~404 页。

③ 伯克·约翰逊、拉里·克里斯滕森:《教育研究:定量、定性和混合方法》,马健生等译,重庆大学出版社 2015 年版,第 404 页。

表 5-1　混合研究方法设计矩阵

		时间方向	
		并行	顺序
范式强调	平等地位	QUAL+QUAN	QUAL→QUAN QUAN→QUAL
	主导地位	QUAL+quan QUAN+qual	QUAL→quan qual→QUAN QUAN→qual quan→QUAL

五、混合研究的策略选择

在混合研究的策略选择中，有以下四个决定因素（见表 5-2）①。

1. 实施

实施是指教育研究者既可以选择在不同时间阶段按一定顺序分阶段收集定量和定性数据，也可以选择在同一时间阶段同步并行收集定量和定性数据。在分阶段收集数据时，教育研究者的目的决定了定量数据和定性数据的收集顺序。在第一阶段，教育研究者如果先收集定性数据，则其目的在于在自然教育情境中与参与者探索相关主题。在第二阶段，教育研究者接着收集有代表性的样本的定量数据，其目的在于扩展相关理解。在同步收集数据时，方案中的定性和定量数据在同一时间被收集，其实施也是同步的。

2. 优先

优先是指在混合研究中，是否给予定性或定量研究更主导的地位。这种优先可以是平等的，也可以向定性或定量数据倾斜。对何种数据类型优先主要取决于教育研究者的兴趣、想要强调的研究重点以及教育研究的受众。

3. 整合

整合是指教育研究者对定性和定量数据的混合。在教育研究过程中，数据

① 约翰·W. 克雷斯威尔：《研究设计与写作指导：定性、定量与混合研究的路径》，崔延强主译，重庆大学出版社 2007 年版，第 166~168 页。

收集、数据分析和解释等环节可能出现这两种数据的合并处理。例如在数据收集中，可以对开放式问题和封闭式问题进行合并。在数据分析和解释中，可以把定性信息转化为定量信息，或者把定性信息与定量信息进行合并。

4. 理论视角

理论视角是指是否有一个宏大的理论来指导整个教育研究设计。整个视角可能来自社会科学或源于辩护式/参与式透析（女权主义、种族观念、阶级观念）。尽管所有研究设计都有其固有的理论，但混合研究能使这一理论更为具体化，并将其作为研究的指导框架。

表 5-2 混合研究的策略选择

实施	优先	整合	理论视角
无顺序 并行	同等	在数据收集阶段	明晰的
顺序化—定性法优先	定性法	在数据分析阶段	
顺序化—定量法优先	定量法	在数据解释阶段	内隐的
		在综合阶段	

第二节 混合研究方法的实施步骤

由于在单一研究中综合了多种数据收集和分析方法，因此，混合研究设计的复杂性要求步骤要清晰。建立清晰的步骤有助于帮助教育研究者在面对复杂的数据和分析时，能制定出清晰明了的研究设计方案。

混合研究过程一般遵循八个主要步骤，如图 5-1 所示。①

① 伯克·约翰逊、拉里·克里斯滕森：《教育研究：定量、定性和混合方法》，马健生等译，重庆大学出版社 2015 年版，第 407~413 页。

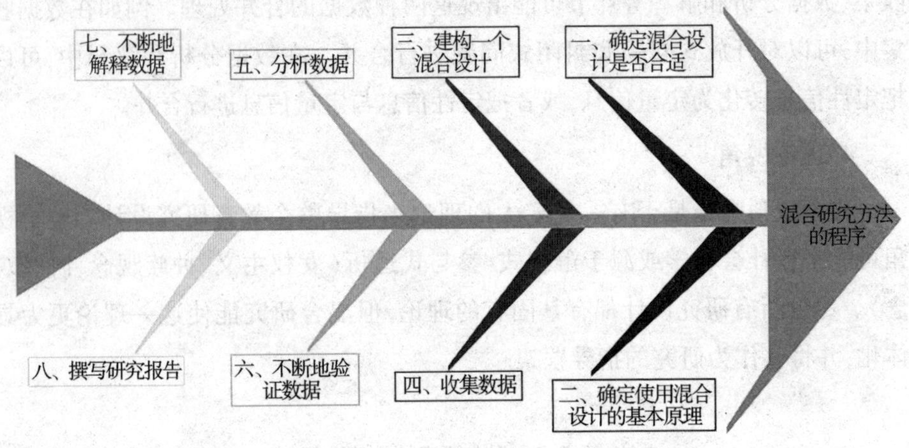

图 5-1　混合研究方法的程序

一、确定混合设计是否合适

如前所述，教育的研究一般是从选择研究主题、明确研究问题、确定研究目的、提出研究假设、得出研究的具体问题等开始的。因此，在确定研究采用混合设计是否合适时，应先从这几个方面进行考虑①：

首先，混合研究的独特之处在于主要研究问题和具体研究问题会提示研究者应使用混合研究设计。例如研究者可能需要对一个大学生志愿者群体的语言现象进行探究，那么就要为这个群体设计一份标准化的问卷；或者研究者可能想要建立一个扎根理论，但是在建立之后，研究者想要通过一个独立大学生志愿者群体来实证性地检验该理论，以评估这个新兴理论的概括性和可推广性。这两个例子都适合采用混合研究设计。

其次，研究者一旦确定了研究问题，就会进一步确定研究目标。教育研究中的五个主要的研究目标——探究、描述、解释、预测和影响，不仅在单一方法研究中是相互关联的，在混合研究中也是相互关联的，而且一项混合研究通常会有多个研究目标。

① 伯克·约翰逊、拉里·克里斯滕森：《教育研究：定量、定性和混合方法》，马健生等译，重庆大学出版社 2015 年版，第 407~408 页。

最后，要考虑混合研究方法的可行性。混合设计在教育的某个研究主题的领域内或许还是新的、不成熟的，或许在实践中尚未完善。混合方法研究可能成本较高，所以如果费用是一个主要问题，那么研究者可能要决定目前只做其中一部分研究，之后再做另一部分（可以在整个研究项目中使用混合研究方法，而非在一个单一的研究部分中就使用混合方法）。因此，在做出设计混合研究的最后决定之前，要充分探讨和确保研究的可行性。

二、确定使用混合设计的基本原理

一旦教育研究者决定自己的研究需要使用混合设计，那么接下来就要为混合设计确定自己的基本原理。为此，研究者需要思考以下问题：想通过混合方法获得什么？怎样混合这些方法才能帮助研究者回答研究问题？

为了更好地思考和回答这些问题，格林、凯瑞塞利和格雷汉姆（Greene，Caracelli and Graham，1989）提出了一个基于混合研究五大原理（三角互证、互补、发展、启蒙、扩展）建立起来的框架结构。**三角互证**是指在研究同一现象过程中，研究者通过不同的方法获得研究结果的汇集和证实时所使用，即研究证据的每个点都能得出相同的结论或推断。三角互证可以大幅度地提升研究结果的可信度或真实性。**互补**是指研究者使用通过另一种研究方法所获得的结果来细化、增强、阐释和证明其原来方法所获得的结果时所要达到的目的。这样做能够帮助你理解一个现象中重叠的和不同的方面。**发展**是指研究者通过由一种研究方法而得出的研究结果帮助发展另外一种研究方法。**启蒙**是指发现悖论和矛盾，以及那些可能引发研究问题或研究结果重构的不同观点。**扩展**是指研究者试图通过为不同的调查部分使用不同的研究方法，以拓宽调查的广度和范围的目的。例如，研究者可能会使用定性的方法来研究教育项目的过程（它是如何工作的），并使用定量方法来研究项目的结果。使用格林等人的框架来确定研究目的有助于形成或选择一种混合研究设计。例如如果研究的目的是三角互证，那么至少要在数据解释和报告的撰写中体现混合。如果研究的目的是发展，那么则需要连续系列设计。①

---

① 伯克·约翰逊、拉里·克里斯滕森：《教育研究：定量、定性和混合方法》，马健生等译，重庆大学出版社 2015 年版，第 408~409 页。

三、建构一个混合设计

当建构一个混合设计时，教育研究者可以使用本书中其他章节所讨论过的任何研究方法、研究设计和研究策略。这就是混合研究的魅力所在——不受任何特殊的哲学、类型和方法的限制。只要教育研究者所建构的设计对于自己的研究问题是有用的且合适的，那么就可以自由地发挥。例如研究者为了获得参与者对于参加某项教育教学模式改革实验的观点和经验，在混合研究的定量实验研究阶段之后增加一个定性的访谈阶段（作为操作性检查或有效性检查）。在混合研究里，教育研究者甚至可以通过收集定性数据来开展实验研究（一种定量研究方法），虽然这样的研究在实践中可能会非常困难且花费时间较长。一旦研究者决定混合研究是必要的，那么就要进一步精细化混合设计。为此，研究者需要回答以下两个问题：第一，在研究中，是定性范式还是定量范式被赋予优先地位，还是两者会被赋予同等的地位？第二，定性和定量组件应该同时进行还是顺序进行？①

四、收集数据

混合研究中的数据既可以在同一样本中收集，也可以在不同的样本中收集。教育研究者可以使用定量和定性研究中多种样本选择方法中的任意一种方法。这些方法可以被分类为：随机抽样方法和非随机抽样方法。随机抽样和非随机抽样的任何一种组合方式都可被用于混合研究中。② 例如定量研究阶段使用随机抽样，定性研究阶段使用非随机抽样。教育研究者应根据研究问题、研究目标和混合研究的基本原则综合考虑定量研究和定性研究中各种数据收集方法，如问卷、观察、访谈等，并确定最适合的数据收集方法。

五、分析数据

在分析数据时，混合研究者可以从所有可用的分析方法中进行选择。混合

---

① 伯克·约翰逊、拉里·克里斯滕森：《教育研究：定量、定性和混合方法》，马健生等译，重庆大学出版社 2015 年版，第 409~410 页。

② 伯克·约翰逊、拉里·克里斯滕森：《教育研究：定量、定性和混合方法》，马健生等译，重庆大学出版社 2015 年版，第 410 页。

研究者可以使用定量数据分析程序,也可以使用定性数据分析程序。研究者所选择的数据分析方法要受到教育研究目标、研究目的、研究问题/假设和收集数据的类型的影响。

在混合研究中,研究者有时要对定性数据进行定量分析或者对定量数据进行定性分析。前者可以通过**量化数据**来完成。量化数据是将定性数据转换成为数字代码,然后再通过统计分析技术处理这些数据。这种方法主要包括计数和数值表示的一些形式。[①] 例如一个正在通过访谈学生以期获得他们在教育课程改革研究中的体验的研究者可以建立一个样本频率分布。样本频率分布可以显示出访谈期间学生使用焦虑或是愉快等词语的频次。这样,定性数据中的语言和想法就被转化成了数字。研究者可能还需要确定在数据中所看到的支持某个想法的参与者人数的百分比,这有利于为定性陈述或结果的数量与频次提供一些证据。后者可以通过将定量数据转化为能够被定性分析或质化的**叙述型数据**。例如定量量表可以通过数字分数转化为质性数据。例如研究者可以基于4点等级量表来获得分数——1. 非常不同意;2. 有点不同意;3. 有点同意;4. 非常同意——并决定将选项1和选项2合并,选项3和选项4合并。然后研究者将参与者的回答分为“不同意”和“同意”两类。质化数据的另一种比较普遍的方法是建构叙述型简表资料(例如模态简表、平均数简表、整体简表、比较简表、规范简表)。这个想法是将研究者所研究的数值型数据创造成一种叙述型的描述。例如研究者对教育过程中一种新教学模式的有效性进行研究,并将数据质化为以下几种对教学有效性的描述:1. 稳定且更有效;2. 稳定但不那么有效;3. 正在改善中;4. 正在下降中。这些描述有利于分析教学有效性的发展变化。[②]

六、不断地验证数据

混合研究的有效性要求研究者必须明确使用一个定量和定性效度类型的结合方法。为此,研究者需要不断地对数据进行验证。因为在混合研究中,建

① 伯克·约翰逊、拉里·克里斯滕森:《教育研究:定量、定性和混合方法》,马健生等译,重庆大学出版社2015年版,第411页。

② 伯克·约翰逊、拉里·克里斯滕森:《教育研究:定量、定性和混合方法》,马健生等译,重庆大学出版社2015年版,第411页。

立和评估研究效度是一个周期性且持续进行的过程,最初的数据评估和结论效度将引发后续更多的数据收集(例如拓展式的田野调查和参与式的反馈)。①

七、不断地解释数据

当大部分或所有数据被收集、分析和验证后,研究者就进入数据解释阶段。

在顺序研究中,研究者要在进入第二阶段之前完成对第一阶段所收集到数据的解释。例如在第一阶段所做出的数据解释有利于进一步促进第二阶段的数据收集和解释工作的开展。顺序设计中第二阶段的数据收集和解释工作的进行可能也需要遵循之前讨论过的原则。例如三角互证、互补、启蒙或扩展。②

在并行研究中,根据研究目的和研究原则,可以分别解释定性和定量数据,也可以同时对两者进行解释。但通常的情况是,在数据解释的过程中就进行一些整合和比较,被称为元推理。因为这种混合类型能够帮助研究者明确数据中的汇合点、不一致以及矛盾之处。混合研究者以及单一方法研究者的最终目标是在排除了尽可能多的竞争性假设之后,形成可信的结论。因此,数据有效性和数据解释之间是一种紧密的互惠关系,且两者对于形成准确且稳固的结论来说也非常重要。③

八、撰写研究报告

混合研究的最后一步是撰写研究报告。一旦研究结论已经得出并通过了有效性评估,那么研究者就要按照一定的结构和要求撰写研究报告了。(关于混合研究报告的结构和撰写要求参见第八章第三节)

---

① 伯克·约翰逊、拉里·克里斯滕森:《教育研究:定量、定性和混合方法》,马健生等译,重庆大学出版社 2015 年版,第 411 页。

② 伯克·约翰逊、拉里·克里斯滕森:《教育研究:定量、定性和混合方法》,马健生等译,重庆大学出版社 2015 年版,第 412 页。

③ 伯克·约翰逊、拉里·克里斯滕森:《教育研究:定量、定性和混合方法》,马健生等译,重庆大学出版社 2015 年版,第 412 页。

理论思考与实践应用

1. 试以教育选题为切入点，设计一个定性研究和定量研究相结合的顺序性混合研究。并阐明为什么在研究设计中如此排列。

2. 结合教育选题设计一个结合定性研究和定量研究的混合研究，并把优先赋予定性数据收集。试阐述研究假设和数据收集的具体方法。

第六章　教育研究的技术

内容提要

在教育的研究过程中，熟练掌握并运用特定的研究技术对于研究的顺利开展至关重要。本章主要从两个维度阐述了教育研究中运用的主要技术。第一节主要介绍了抽样的技术；第二节主要介绍了收集数据和资料的技术，具体包括问卷、访谈、测量和观察。

层次结构图

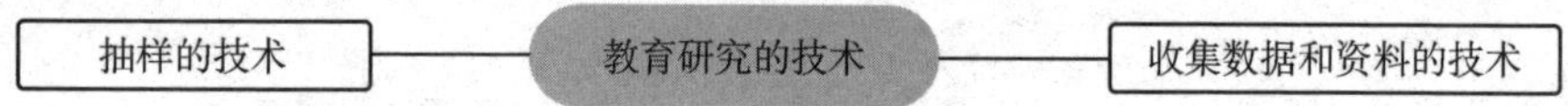

学习指导

1. 识记变量的类型。
2. 理解描述统计与推理统计的基本原理。
3. 运用抽样的技术为不同研究类型抽取样本。
4. 批判性分析各种抽样技术和收集资料技术的优缺点及适用范围。
5. 创造性使用调查问卷、访谈、测量、观察等技术为教育研究收集数据。

第一节　抽样的技术

教育研究者囿于自身时间、精力、资金等方面的局限性,较难对总体中每一个个体进行调查,因此必须通过抽样技术选择一个总体中的样本来开展研究。本节主要描述了教育研究者在定量研究、定性研究和混合研究中普遍采用的抽样技术。

一、概述

1. 概念

(1)总体、个体、样本和抽样

总体是研究者在一定时空范围内要调查的所有具有相同特征的个别研究对象的总和。

个体是研究者要研究的总体中一个特定的主体。

样本是研究者从一个总体中抽取出的,对总体具有代表性的部分个体的集合。影响样本代表性的因素主要有样本容量、抽样方法、抽样框与总体的一致性。

抽样是研究者按照一定程序和要求从一个总体中选择出一部分有代表性的样本的过程。抽样的目的是通过对样本的研究,获得能推断总体特征的充足和可靠的资料,即能从样本的特征推断出总体的特征。

(2)统计值、参数和抽样误差

统计值是样本的数字特征。例如研究者可以根据样本中所包含的个体计算出其平均数学成绩或学业成绩与学习时间两个变量之间的相关性。

参数是总体的数字特征。

抽样误差是样本统计值和总体参数之间的实际差异。

(3)抽样框

抽样框是总体中所有元素的清单,也就是样本的选择来源。一个样本的代表性直接取决于抽样框所能代表总体要素的程度。① 例如如果研究者想抽取某中学的学生的样本,那么抽样框就是该中学所有的学生名单。抽样框误差主要有以下几个原因:不能覆盖总体单位,包含非总体单位,复合连接,抽样框老化。一个理想的抽样框要求所有的抽样单位能覆盖总体,每个总体单位都对应一个抽样单位,抽样单位必须互相独立,互不重叠。例如以某市所有中小学的学生名单为一抽样中的抽样框,理想的抽样框必须覆盖该市所有的中小学。抽样框与总体的关系也是研究者需要考虑的重要因素。经过正确抽样所得的样本信息,只适合于描述构成抽样框要素组成的总体,是否能扩大范围需要审慎地分析。例如某研究者对某市 3 个区中 27 所中小学某项教育政策的执行情况进行了为期 3 年的调查研究。能据此推断全国或整个城市的所有中小学对该项教育政策的执行情况吗?

(4)回答率

回答率是样本中参与研究的人的百分比。回答率的计算公式如下:

$$回答率=\frac{样本中参与研究的人数}{样本总人数}\times 100\%$$

回答率一般小于 100%。例如如果研究者选择一个容量为 500 人的样本,仅有 450 人参与调查,那么回答率就是 90%。为了使一个样本能够代表总体,回答率尽可能高非常重要。此外,样本的完整性也很重要,因为退出样本的人有可能与留在样本中的人不一样。因此,研究者在撰写研究报告时应对样本选择程序、回答率和样本完整性加以讨论。

2. 抽样逻辑

假设一名定量研究者想要了解普通高校大学生的消费情况,研究者虽然想对全国每一所普通高校每一位大学生进行调查,但他只能设计一个调查对象,可能是仅有 500 名大学生的调查问卷。假设一名定性研究者想了解某个大学生关于消费的观点,研究者可能会对这个大学生进行访谈。这两个研究的抽样目的完全不同。在定量研究中,研究者选择的样本能代表总体的特征,研究者的研究兴趣点在于总体而不是抽取的样本。在定性研究中,研究者的兴趣点在于个案的样本。由此可见,把研究结果推广到样本之外的逻辑在定量研究和定

① 艾尔·巴比:《社会研究方法》,邱泽奇译,华夏出版社 2009 年版,第 199 页。

性研究中截然不同。下面我们将从三个不同角度研究二者之间在抽样逻辑上的差异。

(1)总体效度

总体效度是指一个教育实验研究的结果可以适用于样本所属总体的程度。为了获得一个较高的总体效度,定量研究者必须从总体中随机抽取样本,以便将研究结果推广到总体。此外,定量研究者还要确保随机抽取的样本有足够的容量,以降低样本与总体特征产生差异的概率,从而出现抽样误差。[①] 例如某市有 20000 名中小学教师,假设他们的平均年龄是 35 岁。如果研究者从总体中随机抽取 40 名教师作为一个样本,他可能会得到一个平均年龄为 32 岁的样本。如果研究者从总体中随机抽样 2000 名教师作为一个样本,他可能会得到一个平均年龄为 34 岁的样本。后一个样本显然比前一个样本在平均年龄上更接近总体。

(2)目的抽样

目的抽样的目的是对选择的与研究相关目的的案例有深刻的理解,而不是为了选择一个能代表总体的样本。在定性研究中,样本容量一般较小,甚至有可能只是一个案例。定性研究者选择一个或几个案例的目的是对研究的教育现象进行较为深入的描述和解释。[②] 例如研究者想要了解新手教师如何教授一门课程以及新手教师的教学方式与资深教师有何不同,就会选择设计一个定性研究,并有目的地在两种不同类型的教师中至少分别选择一位进行研究。

(3)重复逻辑

重复逻辑是一种使用理论来决定一个案例的结果能否推广到其他案例的策略,即从一个案例的结果推广到另一个案例的过程。重复逻辑的目的是在定性研究中通过选择一个案例来验证或发展一种理论,并把案例的研究结果推广到某个理论而不是一个特定的总体。这种推广是否合理需要通过一系列的重

---

① 梅雷迪斯·D.高尔、沃尔特·R.博格、乔伊斯·P.高尔:《教育研究方法导论》,许庆豫等译,江苏教育出版社 2002 年版,第 184 页。

② 梅雷迪斯·D.高尔、沃尔特·R.博格、乔伊斯·P.高尔:《教育研究方法导论》,许庆豫等译,江苏教育出版社 2002 年版,第 184 页。

复研究来测试理论能否用于预测其他案例的结果。① 例如研究者想要对中小学教师在课程改革中的带头作用进行研究。他选择了一位该课程改革中被视为是带头人的中学教师作为案例研究。研究者基于对这个案例的研究发展了一个理论:这位教师对其他教师能起到带头示范作用的原因是他的领导方式。这一领导方式与有效带头作用的理论相一致。因此,研究者能够利用理论来预测其他教师带头人。如果这些教师如预测一样有效,这个个案研究的结果就得到了重复,理论也得到了验证。

3. 抽样的一般程序

完整的抽样过程一般遵循以下程序:

(1)明确规定总体

应从内涵和外延两个维度明确限定总体的范围。根据课题的性质说明总体的内涵,根据研究的目的确定总体的外延。教育研究者预计研究结果推广到具有普遍意义的何种范围,就应据此确定研究总体的范围,并在此范围内进行抽样。例如如果要对高中进行抽样,就要明确界定总体是城市高中,还是农村高中;是普通高中,还是职业高中;是重点高中、一般高中,还是薄弱高中等。

(2)确定合理的样本容量

样本容量是指样本所包含个体的全部数量。例如某研究者要研究一所有20000名大学生的高校学生的平均身高。该研究者从20000名学生中随机抽取200名学生作为调查对象,那么总体是20000名学生的平均身高,个体是某一个学生的身高,抽样是从20000名学生中随机抽取200名学生作为样本的过程,样本是所抽取的200名学生的身高数据,样本容量是200。

样本容量的大小主要受到以下因素影响:第一,研究类型的差异。在定量研究中,确定样本容量的基本原则是尽可能使用最大的样本容量。一般来说,样本容量越大,被试变量的测量结果越容易体现总体,也越容易减少出现虚无假设的可能性。但在绝大多数的调查研究中,各种资源限制了样本抽取的数目,为此,一些研究者根据经验法则建立了不同定量研究方法中的样本容量。在相关研究中,一般样本容量的最小值是30。在因果—比较研究和实验性研究

① 梅雷迪斯·D. 高尔、沃尔特·R. 博格、乔伊斯·P. 高尔:《教育研究方法导论》,许庆豫等译,江苏教育出版社2005年版,第185页。

中,每组的被试至少有15个。在调查研究中,每个主要的组至少应该有100个被试。在定性研究中,样本容量的大小主要取决于研究者的判断,并没有统一的规定。第二,总体的同质程度。总体的同质程度越高,样本容量可以越小。第三,样本的代表性。样本容量越大,代表性越好;如果样本容量太小,就可能失去代表性。但是,确定样本容量不能仅从样本的代表性角度考虑,也不是越大越好。样本容量的理想状态是既能最大限度满足代表性,又能包含最小的个体数量。第四,研究者的时间、人力、物力、财力等。当研究者在时间、人力、物力和财力等方面的条件较为充足时,样本的容量可以适当扩大。反之,则需要适当地对样本的容量进行缩小。第五,统计分析的精确程度。如果需要采用多元的统计方法对数据进行较为精确的分析,或需要对数据进行较细化的分类和较详细的分析,则需要的样本容量就更大。表6-1是对不同规模总体进行随机抽样时推荐的样本容量。

表6-1　从30到100万不同规模总体的推荐样本大小

N表示总体规模,n表示推荐的样本规模。样本大小基于95%的置信水平					
N	n	N	n	N	n
30	28	600	234	5,000	357
50	44	650	241	7,500	365
75	63	700	248	10,000	370
100	79	800	260	20,000	377
120	91	900	269	30,000	379
150	108	1,000	278	40,000	381
200	132	1,100	285	50,000	381
250	151	1,200	291	100,000	383
300	168	1,300	297	150,000	383
350	183	1,400	301	200,000	383
400	196	1,500	306	250,000	384
450	207	2,000	322	500,000	384
500	217	2,500	333	1,000,000	384

(3)选择抽样方法并抽取样本

选择抽样方法时,研究者一方面应考虑研究的目的,研究总体的特征、范围和数量;另一方面还要考虑具体抽样方法的特点与要求,进行研究工作的主客观条件等,按设计要求抽取样本。

抽取样本时,一方面要保证抽样的随机性,即要保证样本中的每个个体都有均等被选择的机会;另一方面还要保证抽样的代表性,即要保证被抽取的样本的特征能反映总体的特征。只有样本对总体有代表性,研究者才能依据样本的特征对总体的特征进行推断,所得的结论才具有一定的应用价值。

(4)统计推论

依据对样本数据的统计分析结果推断总体的特征是抽样过程中重要的环节。根据样本的分析结果推论总体特征时应当明确,研究结论在一般情况下只适用于总体,而不能超越该总体,除非有证据表明,这一总体具有许多与另一个更大总体相似的特征。

4. 抽样易犯的错误

教育研究者在抽样过程中应避免犯以下错误:

(1)样本缺乏对总体的代表性

第一,研究者在确定和选择样本时,仅仅是基于简单便捷的考量,而忽略了样本中的被试对总体的代表性。第二,研究者在确定和选择样本时,不采取适当的措施使样本对总体的代表性达到最大程度,以增强研究的效度。第三,在定性研究中,对抽取的样本没有进行详细的解释说明,无法使读者了解到样本代表总体的情况。此外,在选择案例时,没有充分考虑各种类型的目的抽样。第四,在定量研究中,样本容量的确定较为主观随意,不是基于一个能满足统计学上推翻虚无假设的客观考量。

(2)抽样方法不适合研究需要

研究者所选择的抽样方法不符合研究的实际需要。例如在某些研究中,当分层抽样或整体抽样等方法更适合研究需要时,研究者却选择了简单随机抽样等方法。

二、定量研究中的抽样技术

在定量研究中,研究者会使用概率(随机)抽样技术和非概率(非随机)抽样技术。

1. 概率抽样

概率抽样是按照概率论和数理统计的原理,根据随机原则从调查研究的总体中选择样本,使每个要素以已知非零的机会进入样本的抽样方法。

概率抽样的主要特点是:第一,抽样时应遵循随机的原则;第二,总体中每一个单位被抽中的概率已知为零;第三,样本具有代表性,每一个样本都能反映总体的所有特征;第四,可以预估可能出现的误差并加以控制。

概率抽样主要包括以下五种抽样方法:

(1)简单随机抽样

简单随机抽样是指按照随机的原则,遵循一定的程序从总体中抽取一个样本,其中总体中每个个体被抽取的机会均等,且每个个体之间彼此是独立的抽样方法。在简单随机抽样中,总体各单元不进行分类或排序。简单随机抽样是其他概率抽样方法的基础。

简单随机抽样主要有抽签法和随机数目表两种方法。抽签法是把总体中的所有单元都编上号,做成签,放进一个容器中加以充分混合后,每次从中抽取一个签,记下号码,然后把抽取的签再放回容器中,再次摇动和抽取,直到抽取到所需要的样本量为止。随机数目表是将每个单元都编上号,以随机数目表为基础,首先随机确定一个表上的数字作为起点,然后按表上所示的数字取样。

简单随机抽样的主要优点是易于操作。主要缺点有两个:一是当总体中的个体数量较大时,给每个个体编号较为费时费力;二是当总体中的个体存在较大的异质性时,可能造成抽样误差过大。因此,简单随机抽样适用于总体异质性不大,数量有限的情况。

(2)系统随机抽样

系统随机抽样是指遵循一定的间隔顺序,在总体中抽取样本的抽样方法。

系统随机抽样的步骤如下:第一,按照一定的标准对总体中的全部个体进行排列和编号。第二,用总体的个数除以样本个数来确定抽样的间隔。如从总体个数 3000 中抽取 300 个样本,则抽样的间隔为 10。第三,采用简单随机抽样的方法任意选择一个抽样的起点(抽样起点的数值应该小于抽样间隔的数值),然后根据确定的抽样间隔依次选择样本。

系统随机抽样的优点是样本在总体中的分布比较均匀,在总体中抽取到的样本较为分散,有一定代表性。缺点是当总体中个体的排列顺序呈现出周期性的特点时,抽样结果有产生系统偏差的可能性。系统随机抽样适用于样本容量较大的情况。

(3)分层随机抽样

分层随机抽样是指先按照一定特征将总体分成几个彼此独立的层(子总体),再根据预先确定的样本容量及每层在总体中的占比,随机从每层中抽取样本(子样本)的抽样方法。分层应遵循一定的原则:对总体进行分层时,应该使各层内部的差异最小,各层间的差异最大。同时,分层要保证每个个体只能归属一个层,不能有遗漏或交叉。

分层随机抽样的步骤如下:首先,确定总体和样本容量。其次,按照一定特征将总体分成几个互不交叉重复的层。再次,确定在每个层中抽取样本的数量。最后,采取等比例或不等比例的抽样方法进行抽样。

等比例抽样要求各层之间的抽样比例相等。方法一是先把总体分成不同的层,然后按照比例采用系统随机抽样的方法进行抽样。方法二是先把总体分成不同的层,然后把不同类别的要素放到一个连续性的列表中,然后再对整个列表采用系统随机抽样的方法进行抽样。**不等比例抽样**要求各层之间的抽样比例不相等。有的层在总体中所占比例较小,抽取的样本量就相对较少,运用不等比例的抽样方法就有利于研究者对每个层进行专门或比较研究。当研究者需要依据样本特征推断总体特征时,则需要先对每个层的数据进行加权①处理,通过调整样本中各层占比的方式使数据与各层在总体中的实际占比相一致。一般来说,一个样本成员的权重应该是其获选为样本概率值的倒数。例如某学者在对一所高校大学生的调查中,将大学生分为本科生、硕士生和博士生三个层,其中本科生的样本概率值为 $\frac{1}{3}$,则其加权重为3。

分层随机抽样的优点如下:第一,样本同质性高,样本分布均匀,样本结构

① 加权:由于误差因素的存在会造成样本的统计数据有别于普查数据,为了减少这种误差,在数据处理时,研究者要算出各个样本的权值,使样本与普查数据一致,这种数据处理方法就是加权。

与总体结构接近;第二,能有效降低抽样误差,并允许研究人员根据自己的研究意图来确定每一层大约需要多少人,从而对抽样有更多的控制。分层随机抽样的缺点是要求研究者对总体中各层情况有较充分的了解,否则难以科学分层。分层随机抽样适用于总体成分复杂,各成分之间差异较大的情况。

(4)整群随机抽样

整群随机抽样是指将总体划分成许多组或层(整群),以群而不是以个体为抽样单位的抽样方法。群的划分要遵循一定原则。一般来说,应尽可能使群之间的差异小,使群内的差异大,让每个群更具有代表性。

整群随机抽样的步骤是把一个个整体编号,然后用随机方法进行抽取。例如研究者想在一所中学进行一项以班级为单位的教学实验,由于不能打乱原有的教学班,研究者就可以采用整群随机抽样,把该中学的所有班级编号,然后用简单随机抽样的方法选取一个班级为实验班。

整群随机抽样的优点如下:第一,简单易行,通过转换抽样单位,使编制抽样框得以简化;第二,群通常由地理位置邻近或隶属于同一系统的单元构成,便于研究者调查和对抽取到的样本进行集中处理,节省人力、物力和时间。整群随机抽样的缺点是这种抽样方法比较粗糙,当样本集中于少数群时,造成的抽样误差大于其他抽样方法。整群随机抽样适用于总体范围大、数量多、各层间同质性较高的情况。

(5)多阶段随机抽样

多阶段随机抽样也称为多级抽样,是指在整群随机抽样中,当子群或子群内部个体数目较多,且彼此间的差异不大时采用的更为经济的抽样方法。多阶段随机抽样中涉及样本量的平衡问题。一般的处理方式是增加开始阶段的样本容量,同时适当减少最后阶段的样本容量,即尽量多选择群而减少每个群中要素的数量。

多阶段随机抽样的步骤是不将样本子群中的所有个体作为样本,而是从中再次抽取样本。经过两次抽样获得最终的样本被称为二阶段抽样。同样还可以继续进行抽样从而获得三阶段、四阶段等多阶段抽样。例如研究者要调查某市小学生的心理健康情况,可采用三阶段抽样的方法,先以学校为抽样单位,抽出若干所小学,然后再以班级为抽样单位抽出若干班级,最后以学生为单位,抽出若干小学生作为最终样本。

多阶段随机抽样的优点是效率高。缺点是每一个抽样阶段都会有误差。多阶段随机抽样适用于跨地区研究,者当不可能编制一个完整的名单形成目标总体时,或者当总体层次较多或层次内单位数目较多的情况。

2. 非概率抽样

非概率抽样是研究者根据自己的方便或主观判断抽取样本的抽样方法,也被称为非随机抽样、不等概率抽样或有偏样本。因为它不是依据概率论和随机抽样原则来抽取样本,样本在某些特征上与总体并不完全相同,所以很难对抽样误差进行评估,也难以根据样本的统计分析结果推断其对总体特征的反映程度。

教育研究者在研究过程中有时会遇到无法对样本进行概率抽样的情况,在这种情况下,研究者经常会运用非概率抽样的技术选择样本。非随机抽样主要包括以下四种抽样方法。

(1)方便抽样

方便抽样是研究者根据实际情况,以自己便捷的方式抽取找到的,或易于招募的被试作为调查对象的抽样方法。例如研究者在特定时间和地点拦下路人作为样本进行调查,或者教师选择自己班上的学生作为样本进行研究。

由于方便抽样简便易行,省时省钱,因此受到许多研究者的青睐。但是样本的代表性因较大程度上受偶然因素的影响而无法得到保证,所以,在根据这种抽样方法获得的数据进行推论时必须谨慎,而且应该在研究报告中说明这种方法存在的局限性。方便抽样适合于作为问卷的前测,而不是用来真正代表总体。

(2)目标式抽样或判断式抽样

目标式抽样或判断式抽样是研究者根据自己对总体构成要素和研究目的的判断,从总体中选择那些对总体最有代表性的单位个体作为样本的抽样方法。

在目标式抽样中,研究者要建立起一个满足研究特定需要的样本。例如,要研究学校的教育实施现状,研究者选取了参与过学校教育课程的学生作为样本,因为他们可能比其他学生更了解状况。目标特征确定之后,研究者会邀请满足这些特征的人来参与研究,直到参与者数量达到预期。

目标式抽样适用于较难确定总体边界范围，总体较小但内部差异较大，研究者自身的时间和人力、物力、财力等条件较为有限，且研究者对该研究领域和研究总体比较了解的情况。

(3)滚雪球抽样

滚雪球抽样是研究者随机选取一些被调查者对其进行调查，并请求他们提供其他一些调查对象，根据所提供的线索研究者继续对这些对象开展调查，直至样本像滚雪球一样逐渐由小变大的抽样方法。例如研究者要研究中学生沉迷网络游戏的情况，就可以到一些公共场所，如到地铁、公交车、网吧去调查几位上网玩游戏的中学生，再通过他们调查其朋友。

滚雪球抽样的步骤是先收集目标群体少数成员的信息，然后通过向这些成员询问的方式，继续找出他们所认识的其他总体成员。在滚雪球抽样中，要求每一个自愿的参与者都识别一个或多个满足一定特征且可能愿意参与研究的人。

滚雪球抽样的优点是当研究者难以找到特定总体的成员时，滚雪球抽样是一种比较适合的抽样方法。但是这种抽样方法存在一定的缺陷，在有些对象无法找到，或者被调查者漏掉不提时，可能会造成误差，因此这种方法产生的样本的代表性经常受到质疑。例如在上述的调查中，对于那些不爱到公共场所、不喜欢与人交往、喜欢在家中上网玩游戏的中学生，研究者就很难找到他们进行调查。滚雪球抽样适用于总体单位的信息不足、能满足总体特征的样本个体很难寻找，或进行观察研究的情况。

(4)配额抽样

配额抽样或定额抽样是研究者按照一定标准对总体中的样本进行分层，依据主观判断分配每个层中的样本数额，在配额内任意抽取样本的抽样方法。例如研究者必须事先知道目标总体的特征，在目标总体中不同性别各占的比例；在不同年龄、不同教育程度、不同学科等类别中，男女各占的比例。假设某高校有 20000 名本科生，其中男生占 60%，女生占 40%；文科学生和理科学生各占 50%；大一、大二、大三、大四的学生分别占 40%、30%、20%和 10%。用配额抽样方法按照以上三个变量抽取一个容量为 1000 的样本。依据总体的构成和样本容量，研究者可以得到下列定额表：

表 6-2 定额表

性别	男生(600)		女生(400)	
学科类别	文科(300)	理科(300)	文科(200)	理科(200)
年级	一 二 三 四	一 二 三 四	一 二 三 四	一 二 三 四
抽取样本数	120 90 60 30	120 90 60 30	80 60 40 20	80 60 40 20

配额抽样的步骤如下:第一步,分层。研究者按照一定的特征或属性(控制特性)对总体中所有单位进行分类,如性别、文化程度、年龄等。第二步,判断。按照控制特性,在每层中以判断的抽样方法分配样本数额,并抽取样本。

配额抽样与分层随机抽样既有相似之处,也有一定差异。二者的相同之处在于,都是先对总体中所有单位按照一定特征或属性分类,然后按照特征或属性分配样本数额。二者的不同之处在于,配额抽样是按照研究者的主观判断在各层中非随机抽取子样本,注重的是样本和总体在结构比例上的表面一致性,属于主观抽样,需要研究者对总体单位比较熟悉,适合总体比较小的研究。而分层随机抽样是按照随机原则,客观地和等概率地在各个层内抽取子样本,完全排除主观因素,属于客观抽样,不需要研究者熟悉总体的单位,适合总体比较大的研究。

配额抽样的优点是费用较低,易于实施,能满足总体比例的要求。配额抽样的缺点是,样本不是按照随机原则抽取出来的,只能获得一个与总体比较相似的样本,但不能完全反映总体的结构和特征,样本对总体的代表性有可能存在偏差。配额抽样适用于总体比较小,样本数量比较多,且研究者对总体的相关特征比较熟悉的情况。

三、定性研究中的抽样技术

定性研究中的抽样技术也被称为基于标准的选择或基于目的的选择。定性研究者首先需要确定抽样的边界,即要明确研究对象是什么。一般来说,定性研究者会先制定抽样的标准,也就是研究总体所应具备的特征,然后按照这个标准去寻找和获取目标人群。定性研究的抽样目的是选择能够提供解决研究目的所需信息的特定群体并且理解他们。

之前提到过的方便抽样、目标式抽样、滚雪球抽样和配额抽样等非概率抽

样技术既可用于定量研究,又可用于定性研究。此外,定性研究也经常会使用综合抽样、最大变异抽样、同质样本抽样、极端案例抽样、典型案例抽样、关键案例抽样、负面案例抽样等抽样技术。

1. 综合抽样

综合抽样是指在研究中调查所有相关案例的抽样方法。这种抽样方法的优点是保障了样本的代表性,因为总体中的每个样本都包含在研究中。然而,这种抽样方法的缺点是成本比较高,仅限于总体规模比较小的定性研究。

2. 最大变异抽样

最大变异抽样是有目的地选择较大范围的案例的抽样方法。这种抽样方法的优点是可以在一个或多个维度上把所有的案例都包含在研究中。定性研究者在数据分析时,可以寻找一个贯穿所有案例的核心主题或模式,从而识别所有案例的共同之处。例如在研究一所高中的组织文化时,定性研究者可以识别全体教师或大部分教师共有的某些核心价值或信仰,将其作为贯穿所有案例的核心主题。

3. 同质样本抽样

同质样本抽样是指研究者选择相对较小且同质的一个或一组案例进行深入研究的抽样方法。例如焦点小组的研究者一般会采用这种抽样方法,尝试通过访谈和讨论的方式深度了解一个由六七个人组成的同质小组成员如何看待和理解一个教育主题。

4. 极端案例抽样

极端案例抽样是指研究者从总体中识别并挑选出具有极端特征的案例进行调研的抽样方法。例如研究者可以选择一个学习成绩非常优异的高中生和一个学习成绩非常糟糕的高中生进行比较研究,从而探究是什么因素导致他们的学习成绩出现明显差异。极端案例抽样通过选择一些极端案例的策略可以为研究者提供丰富的信息。

5. 典型案例抽样

典型案例抽样是指研究者按照典型的、平均的标准或特征,寻找一个或几个案例进行研究的抽样方法。例如研究者可以从年龄、性别、领导风格和工作时间来选择一个校长作为研究对象。

6. 关键案例抽样

关键案例抽样是指研究者选择一个或一些可以充分支撑论点或特别重要的案例进行深度研究的抽样方法。例如研究者想要研究一项教育政策在学校执行阻滞的原因,就可以选择那些阻力较大的学校来进行深入的调查研究。

7. 负面案例抽样

负面案例抽样是指研究者有目的地选择那些被认为可以证明研究者的预期不能成立的案例的抽样方法。例如在一个定性研究中,研究者会通过对教育现象的不断探究和归纳的思维模式建立扎根理论。在建构扎根理论的过程中,研究者可以通过不断寻找能够对研究结论进行证伪的案例来完善自己的结论。

四、混合研究中的抽样技术

选择一个混合抽样设计包括选择研究中定量部分与定性部分的抽样方案和样本规模。学者奥韦格布兹和柯林斯(Onwuegbuzie & Collins)设计了混合抽样框架。按照这个抽样框架,混合抽样设计的分类可依据两个主要的标准:第一,各个部分的时间取向标准;第二,定量样本和定性样本之间的样本关系标准。①

1. 时间取向标准

时间取向标准是指定量阶段和定性阶段是同时发生的还是依次顺序发生的。同时发生意味着在同一时期收集定量部分数据和定性部分数据,并在研究数据的解读阶段同时诠释两种样本的数据。依次顺序发生意味着在研究的第一阶段从样本中获取的数据用于影响或限制下一阶段研究的样本选择。②

2. 样本关系标准

定量样本和定性样本的样本关系标准形成了四种主要形式:相同的、平行

---

① 伯克·约翰逊、拉里·克里斯滕森:《教育研究:定量、定性和混合方法》,马健生等译,重庆大学出版社 2015 年版,第 224 页。

② 伯克·约翰逊、拉里·克里斯滕森:《教育研究:定量、定性和混合方法》,马健生等译,重庆大学出版社 2015 年版,第 224 页。

的、嵌套的和多重的。相同关系是指研究中参与定量和定性的部分是相同的样本群体。例如相同的参与者可能完成了一个问卷,这个问卷既包含带有等级量表的封闭式题项(定量部分)也包含开放式题项(定性部分)。平行关系是指研究中参与定量和定性部分的样本虽来自同一总体,但不是相同的群体。嵌套关系是指为研究的一个阶段选择的参与者是另一个阶段所选参与者的子集。多重关系是指研究中使用来自总体不同水平的定量样本和定性样本。例如研究教育政策,可能在定量阶段使用教师,在定性阶段使用政策制定者。①

依据以上两个标准,可产生八种混合抽样设计:(1)相同且同时发生;(2)相同且顺序发生;(3)平行且同时发生;(4)平行且顺序发生;(5)嵌套且同时发生;(6)嵌套且顺序发生;(7)多重且同时发生;(8)多重且顺序发生。例如在相同且同时发生的混合抽样设计中,定量和定性数据大致在同一时间(同时选择),收集参与研究的定量阶段和定性阶段的同一组个体(相同关系)。在平行且顺序的混合抽样设计中,在代表相同总体(平行关系)的不同参与者身上,定量数据和定性数据是一个阶段接着一个阶段收集的(有序的)。一旦选择了这种八种混合抽样设计中的一种,研究者必须为定量阶段和定性阶段都选择抽样方法以及对应的样本规模。对于定量样本,研究者可以使用随机抽样或非随机抽样方法中的一种。对于定性样本,研究者可以使用定性抽样方法中的一种②。

第二节　收集数据和资料的技术

一、问卷

问卷是一种教育研究者以书面提问的形式收集数据和资料的技术。教育研究者将需要调查的问题按照一定的规范要求编制成问卷,让被试填写,从而

① 伯克·约翰逊、拉里·克里斯滕森:《教育研究:定量、定性和混合方法》,马健生等译,重庆大学出版社 2015 年版,第 224 页。

② 伯克·约翰逊、拉里·克里斯滕森:《教育研究:定量、定性和混合方法》,马健生等译,重庆大学出版社 2015 年版,第 224~225 页。

获得被试对某一教育现象或教育问题看法的数据和资料。

1. 问卷的优缺点

问卷作为一种收集数据和资料的技术具有以下几方面的优点：第一，便于定量分析收集信息。问卷调查的过程标准化和结构化程度比较高，有利于资料和数据的编码整理和统计分析。第二，利于灵活高效地收集信息。问卷调查的实施灵活方便，可以在线下进行，也可以在线上进行，不受时间、空间和人数的限制，可以在短时间内高效地收集到大量样本的信息。第三，易于客观真实地收集信息。问卷调查的形式匿名化，有利于保护被试的个人隐私和减轻被试的心理压力，因此收集到的信息和基于这些信息得出的结论相对比较客观。

问卷也存在以下几方面的缺点：第一，问卷效度难以保证。研究者有时难以预测问卷回收率，如回收率太低，资料就失去了代表性。研究者无法直接观察和记录每个被试答题时的反应，当被试未能正确理解问题、被试不愿积极配合或实事求是地作答时，收集到的资料和数据会使样本的代表性和结论的客观性受到影响。无法确保通过问卷一定能收集到被试的真实信息。第二，问卷调查不能深度了解信息。问卷调查偏重于对被试关于某一教育现象或问题的意见、态度、看法等表面信息的调查，难以对教育现象或问题进行深度了解。

2. 问卷的结构

问卷从结构上可以分为标题、指导语、正文和结束语四个部分。

(1)标题

标题是对调查内容和调查目的的概括。标题一般使用陈述句，表述要简洁、准确。

(2)指导语

指导语是研究者用来指导被试填写问卷的说明性文字，以帮助被试顺利填写问卷，实现调查目的。指导语是问卷的开头部分，一般包括三方面内容：第一，称谓与问候语。第二，说明问卷的性质和目的。指导语通常是调研实施者的自我介绍，并简要说明调查目的、问卷回收的时间和方式等。此外，为了消除被试的顾虑，提高答题信息的真实性，还可说明问卷仅研究使用，将对被试的个人信息进行保密等。第三，填答说明。填答说明是对问卷的回答方式进行说明，以引导被试顺利作答，通常会给出一两道题作为答题示范。

(3)正文

正文是问卷的核心部分,主要由题干和选项两个部分组成。题干由问句或不完全的叙述句组成,选项由问题的不完全答案构成,可以多选一。正文是按照调查目的,将调查内容转化为一系列具体的题目。

1)问题设计要遵循的基本要求

第一,问题的范围要明确。研究者要明确问题的范围是小范围的典型调查,还是大范围的统计调查;是了解有关被试对某教育现象看法的主观性资料,还是了解某教育现象发展过程的客观性事实。

第二,问题内容要符合研究目的和研究假设。研究者在设计问题时要使之与研究目的和研究假设相匹配,所设计的问题对研究目的和研究假设具有较大的覆盖面。

第三,问题的数量要适当。一般来讲,一份问卷的作答时间以20~30分钟为宜。问题太多,容易导致作答者厌倦;问题太少,则难以得到大量基本事实材料,从而影响结论得出。

第四,问题的文字表述要规范。为了便于被试理解问题,问题的文字表述应遵循一定的规范。在措辞上,应简明扼要、清晰具体、准确易懂,要避免使用易产生歧义和晦涩难懂的词汇;在句式上,应以简单句为主,要避免使用复杂句和反问句。

第五,问题的结构要单一。每个问题只能包含一个观点,避免两个或两个以上观点在同一题中出现 。

第六,问题的分类要清楚。对研究的问题进行分类,不仅是编制问卷的基础,也是对研究问题的界定,清晰且符合逻辑的分类有利于对问题形成比较深刻、全面的认识。

第七,问题的排列要遵循一定的顺序。在指导语后面,是关于被试的基本资料,如性别、年龄等的问题。同时,要按内容或性质,把回答方式相同的问题排列在一起。此外,在问题的排列上,还要遵循以下顺序:一般问题放在前面,具体问题放在后面;普通问题放在前面,敏感问题放在后面;封闭式问题放在前面,开放式问题放在后面。

第八,问题中隐含的心理因素。教育类的调查问卷,有时可能会涉及一些敏感问题,在设计问题时要遵循以下原则:首先,问题表述不要使用含有主观性、诱导性和暗示性的语言。其次,要避免出现过度涉及个人隐私或社会禁忌而导致被试不愿作答的问题。

2)问题的形式的分类

按照不同的分类标准,问卷中的问题可以分为不同类别。

第一,按照问题涉及的内容分类。

基本事实方面的题目:性别、年龄、文化程度等,一般编成填空或选择题。

行动方面的题目:做了什么事、发生了什么事等,一般编成选择题或与开放题混合。

态度方面的题目:看法、意见、感受等,可编成选择、排序、量表或开放题,但编成量表易对所得数据进行处理。

第二,按回答的方式分类。

开放式题目:也被称为非结构性题目,即只提出问题,不列出答案,让被试自由回答。如,你对防治校园暴力还有哪些建议?

封闭式题目:也被称为结构性题目,即不仅提出问题,还列出答案,让被试只能在提供的答案中进行选择。

混合式题目:也被称为半封闭或半开放题目,即对被试的回答部分限制,部分自由回答。

第三,按问题答案的形式分类。

是否式:所列选项为两项,让被试选择一个。

如,你是否曾经遭受过校园欺凌?(　　)

A.是　　B.否

多项选择式:让被试从多种答案中选择一个或多个答案。

如:你经常参与哪类课外活动?(　　)

A.体育类　　B.艺术类　　C.义工类　　D.学术类

排序式:如,在品德研究中,给出八种品质,诸如诚实、礼貌、公正、乐于助人等,要求被试从中选出三种品质,并按重要程度排序。

等级式:选项为多种等级,要求被试权衡后做出选择。等级可以是频率上的不同,如十分经常、经常、有时、几乎没有、没有;也可以是程度上的差异,如不集中、一般、较集中、非常集中。

如:你使用社交媒体与人交往的频率是:(　　)

A. 十分经常　　B. 经常　　C. 有时　　D. 机会没有　　E. 没有

定距式：答案选择不是一个点，而是一个区间。

如：您的收入是(　　)

A. 1000 元以下　　B. 1001~2000 元

C. 2001~3000 元　　D. 3001~4000 元

E. 4001 元以上

(4)结束语

结束语主要有两种形式：一是征求意见，即提出一两个开放性问题，请答卷者针对问卷给予评价或提出意见建议，以便收集更详尽的信息。二是表示感谢，如感谢您的合作等。

3. 问卷的实施程序

(1)问卷的编制

问卷的编制需要遵循科学的程序，基本包括以下几个步骤：第一，明确研究目的。问卷的编制要厘清研究目的，围绕研究目的和研究假设，确定问卷调查的对象和范围。第二，草拟问题的提纲。列出问卷调查问题的提纲，确定需要收集的信息和问卷类型，并在此基础上草拟问题。根据相关专家和人员反馈的意见，对问题进行修订和完善，形成问卷初稿。第三，试测。完成问题提纲和初稿后，还应对其进行试测。可以从样本中抽取 30~50 人，对问卷初稿进行作答，以检查问卷在文字表述、内容等方面是否存在需要改进的部分，并计算出问卷的信度和效度。第四，修订定稿。根据试测的结果，对问卷进行修订，在内容和形式上不断完善，直至定稿形成正式的问卷。

(2)问卷的发放和回收

问卷的发放方式比较灵活。可以通过邮寄的方式，也可以通过当面发放作答的方式，还可以通过网络发布的方式进行在线问卷调查。

问卷的回收要保障一定的回收率。问卷回收后，要剔除无效问卷，统计有效问卷的回收率。一般来说，作为验证研究假设或支持研究结论的问卷，回收率至少不低于 70%。

(3)问卷结果的整理分析和解释

在对问卷结果进行整理分析的过程中，要遵循以下的步骤。首先，要挑出不合格的问卷,如事实资料和态度资料填写不完整的问卷或理解错误的问卷等。其次,要按照所选择的统计方法的要求对问卷结果进行统计登记。

在对问卷结果进行解释时,要注意以下两点:一是要分析这些结果是否验证了研究假设,如果没有,还要提出新的研究假设。二是根据统计分析的结果做出研究结论时要谨慎,不能简单、草率地得出结论,而要参考心理学、教育学等学科的相关理论。

二、访谈

访谈是教育研究者通过与被试进行对话的方式来收集资料和数据的一种技术。访谈广泛适用于教育调查研究,既可以进行事实的调查,又可以进行意见的调查。访谈收集资料和数据的方式主要通过倾听和对话。

1. 访谈的优缺点

访谈作为一种收集资料和数据的技术有着自己特有的优缺点。

访谈具有以下优点:第一,灵活。在访谈的过程中,访谈者可以根据被访者的反应对问题做出适当调整、解释说明、引导和追问,也可以随时调整提问的顺序,因而具有较大的灵活性。第二,准确。由于访谈是面对面的交流,访谈者可以随时观察被访者的反应,并相应做出调整,因此被访者拒绝回答的概率较小,得到的回答相对比较真实、可靠和准确。第三,深入。访谈有利于教育研究者通过设计较为复杂的访谈提纲和进行深入交谈的方式获取相对可靠有效的资料。

访谈具有以下缺点:第一,成本高。访谈需要研究者找到被访者进行面对面地交谈,整个过程需要耗费大量的时间、人力、物力。与问卷相比,这种收集资料和数据的技术费用高、耗时多,难以用于大规模的研究,仅适用于小样本的调查。第二,缺乏隐秘性。访谈是通过访谈者和被访者直接对话的方式收集信息,访谈者对被访者的个人真实信息相对有比较多的了解。被访者往往会由于缺乏匿名性和隐秘性而产生顾虑,从而对一些敏感问题做出不真实的回答。第三,被访者易受访谈者影响。访谈的过程需要访谈者与被访者面对面地进行交流,需要访谈者受过专门的训练,因此面对个性特征的不同和专业素养的不同的访谈者,被访者可能会有不同的反应和回答内容,从而导致访谈结果的偏差。

第四,记录困难。如果在访谈过程中,被访者不允许访谈者对谈话内容进行现场录音,就需要访谈者用纸笔等方式记录访谈结果,这对于没有受过专门速记训练的访谈者比较具有挑战性,他们难以在短时间内完整地将访谈内容记录下来,而通过事后回忆补记往往会遗漏很多信息。第五,访谈结果难以处理。由于不同的被访者对同一个问题的答案是多样的,标准化程度低,没有可供选择的统一答案,所以与问卷等收集资料和数据的工具相比,访谈结果的整理和分析比较复杂和困难,难以做定量分析。

2. 访谈的类型

依据不同的标准,访谈可以被划分为不同的类型。

第一,结构式访谈和非结构式访谈。这是按标准化程度划分的。结构式访谈是指访谈者严格按照事先统一设计的、有一定结构的问题和提问顺序对被访者进行的提问。整个访谈过程是标准化和受到严格控制的。定量研究经常采用这种访谈类型,研究者可以在被访者从预设的答案中做出的选择进行对比和量化分析。非结构式访谈是指没有事先设计好的访谈提纲和固定的程序,只有一个粗略的主题和范围供双方进行自由地交谈。定性研究经常采用这种访谈类型,用以深入收集丰富的资料。

第二,面对面访谈、电话访谈和网上访谈。这是按访谈者和被访者接触的方式划分的。面对面访谈是指访谈双方进行面对面地直接沟通获取资料的访谈类型,也被称为直接访谈。电话访谈是指访谈者借助电话向被访者收集资料的访谈类型。这种访谈类型能够在一定程度上节省时间、交通等成本,提高访谈的效率。网上访谈是指访谈双方利用互联网上的社交平台,用文字而非对话进行交流并获取资料的访谈类型。这种访谈方式比电话访谈更节省成本,并有利于资料的收集和整理分析。

第三,个别访谈和集体访谈。这是按调查对象的数量划分的。个别访谈是指访谈者与每一个被访者一对一地进行单独访谈。集体访谈是指访谈者对多名被访者同时进行访谈。集体访谈可以使被访者互相启发,并在短时间内收集到全面广泛的信息。

第四,一次访谈和多次访谈。这是按访谈的次数划分的。一次访谈是指访谈者只对被访者进行一次的访谈。一般适用于收集事实类的信息。多次访谈是指访谈者多次对被访者进行的深度访谈。一般适用于追踪调查或对某些问题的深入研究。

3. 访谈的实施程序

第一，确定访谈目的。研究者应该根据研究目的确定哪些研究内容适合使用访谈技术收集资料，并在此基础上明确访谈的目的。

第二，确定访谈对象。研究者可以选择适当的抽样方法，选取适合的访谈对象。教育研究的访谈对象主要是学生、家长、教师、校长等。

第三，制订访谈计划和访谈提纲。制订访谈计划主要涉及访谈目的、时间、地点、对象等方面内容的安排，以及突发情况的处理预案，以保证访谈的有序开展。

设计访谈提纲主要应遵循以下基本要求：首先，应简明扼要地列出需要提问的主要问题；其次，问题的表述应该通俗易懂，不会引起歧义或误解；最后，问题的设计应尽量保持一定的开放性，使被访者有一定的发挥空间，能进行深入交流。

第四，实施访谈。实施访谈的过程中，应注意以下事项：访谈者要提前收集与被访者相关的有价值的资料，如经历、个性、兴趣等，以获取被访者的信任；访谈者应创设轻松愉快的谈话情境，减轻被访者的顾虑和心理压力；访谈者要适当运用提问和措辞的技巧，使问题的表述与被访者的知识水平和理解能力相匹配；访谈者要善于观察被访者的心理变化，随机应变，不对被访者进行暗示和诱导；避免因访谈者对被访者的偏见、暗示和诱导产生的偏差，使获得的资料失去研究价值；真实准确地记录访谈结果，不断章取义、不曲解受访者的回答和原义。

第五，访谈结果的整理与分析。在整理和分析访谈结果时，首先要核查资料是不是按照访谈目的和计划收集的，访谈的项目是否存在缺漏。其次，要认真核对收集的资料是否存在答非所问的情况，如果对这类资料无法补救，应该从样本中剔除，并避免剔除后出现取样偏差现象。最后，核对检查，对符合要求的资料进行分类整理。

下面这篇论文《指向专业发展的乡村教师合作何以实现—— 基于 30 位乡村教师的深度访谈研究》是访谈技术的一个应用案例。该论文发表在《基础教

育》2022年第3期。作者高清晨和孙涛在该研究中使用访谈技术,对来自4个乡镇10所学校的乡村教师进行了半结构访谈,以探究乡村教师专业发展的合作过程。本书引用了该论文的第二部分和第三部分的内容,向读者展示如何在教育研究中运用访谈技术收集数据以及如何在研究报告中用访谈的结果作为论据支撑自己的论点。

指向专业发展的乡村教师合作何以实现①

——基于30位乡村教师的深度访谈研究

高清晨 孙 涛

…………

二、研究对象与研究方法

本研究选择了某县4个乡镇的10所乡村学校,其中包括2所中心小学、3所村小、5所中学。鉴于研究问题的复杂性以及互证性的需要,本研究根据教育发展水平的不同抽取了不同教学科目、不同专业发展阶段、不同职务的乡村教师作为研究对象。其中,在教师教学科目上,包括任教主要科目(语文、数学、英语)的教师18人,任教非主要科目(除语文、数学、英语之外的科目)的教师12人。在教师专业发展阶段上,任教5年以内的新教师7人,教龄5—10年的教师4人,教龄10—20年的教师11人,教龄20年以上的教师8人。在教师职务上,包括校长、教学主任、教研员8人,其他普通教师21人。访谈对象具体情况如表1所示。

表1 访谈对象个人情况汇总表

学校	访谈对象	学科/教龄	内容编码	学校	访谈对象	学科/教龄	内容编码
BH小学(中心小学)	教学主任	道德与法制/14	BHT1	KB中学	副校长	地理/23	KBT1
	教师	语数/20	BHT2		教师	政治/13	KBT2
	教师	语数/7	BHT3		教师	语文/3	KBT3

① 高清晨、孙涛:《指向专业发展的乡村教师合作何以实现—— 基于30位乡村教师的深度访谈研究》,载《基础教育》2022年第3期,第69~78页。

续表

学校	访谈对象	学科/教龄	内容编码	学校	访谈对象	学科/教龄	内容编码
GD 小学（中心小学）	教学主任	语数/10	GDT1	TS 小学（村小）	副校长	体育/24	TST1
	教师	语数/17	GDT2		教师	语数/2	TST2
GJ 小学（村小）	校长	语数/25	GJT1		教师	语数/23	TST3
	教师	语数/3	GJT2	WP 中学	教研员	英语/17	WPT1
	教师	语数/1	GJT3		教师	化学/22	WPT2
	教师	英语/3	GJT4		教师	地理/3	WPT3
GL 中学	教学主任	英语/17	GLT1	XP 中学	校长	历史/21	XPT1
	教师	历史/1	GLT2		教学主任	生物/24	XPT2
	教师	数学/8	GLT3		教师	英语/20	XPT3
JI 小学（村小）	教研员	道德与法制/15	JIT1		教师	语文/18	XPT4
	教师	语数/21	JIT2	XZ 中学	教师	生物/14	XZT1
	教师	语数/11	JIT3		教师	物理/7	XZT2

为了对乡村教师专业合作的过程进行深入细致的描述和分析，本研究采取质性研究方法，具体运用半结构访谈法和观察法。基于对教师专业合作的理解，研究主要针对以下四个方面内容进行访谈：乡村教师的专业合作意愿、专业合作的形式与内容、专业合作中存在的问题与困难、专业合作的影响。在访谈过程中，本研究采用现场访谈或电话访谈两种方式进行一对一半开放式的深入访谈，每个人的访谈时间约为 20—30 分钟。

三、基于实践主体的深度回应：乡村教师合作的三重意义

与城市相比，乡村面临着不同的教育困境：乡村儿童学业表现不佳，存在诸多学习问题；乡村家庭文化资本匮乏，提供的教育支持有限；乡村学校硬件设施欠缺，难以开展现代化教学。对乡村教师而言，传统的知识传授型培训虽然具有明显的广普性和适应性，但针对性弱，对有着不同教育困境的教师个体发展明显力不从心。而立足于教学情景的专业合作直接指向教师教学实践中的问题，通过教师之间的讨论、批判性互动，使教师个体乃至群体实现专业发展，对农村教育而言具有重要的现实意义。

（一）乡村学校校长：降低教师流动带来的损失

乡村学校地处偏远，生活条件与城市相比仍有较大差距，远距离的交通、落后的教学设施、不尽如人意的工作条件都很难留住教师，即使是近城区的乡村学校也几乎难逃教师流动的困境……面对教师流动带来的损失，乡村学校要么充分利用校内现存师资，实施“一师多科”，要么聘请代课教师，及时补充师资。无论何种弥补措施，都需要快速提高教师的专业水平，让教师尽快适应学科教学。专业合作则能在短期内快速提升教师专业发展能力，将教师流动对学生学业造成的损失降到最低。乡村小学校长谈道：“乡村学校面临的最大问题就是教师不稳定，而专业合作能让教师亲身参与课堂、及时交流探讨，从而使他们快速进入教师角色，减少教师之间的差距。”（TST1）在专业合作中，通过观摩教学，教师能够浸润于其他教师“活生生”的教学情景中，获得实践知识与教学智慧；通过经验交流，教师能迅速掌握科目重难点，提高教学效能感；通过批判性互动，教师能认识到自己的不足之处，取长补短。可以说，专业合作能够让教师丰富专业知识，尤其是实践性知识，从而快速实现专业成长，降低乡村教师流动带来的损失。

（二）乡村学校教研员：提高教师专业发展积极性

在教师专业合作过程中，对于差异性的允许和鼓励以及开放化互动的强调，能够给教师带来不同观点的碰撞，使教师看到自身专业发展的现状与理想的差距，激发教师的专业发展意愿。在乡村学校中，由于缺少竞争环境，很多教师会在教学工作中逐渐失去专业发展意识……而教师之间的专业合作则对教师的学习与发展起到督促作用，尤其是学校开展的合作教研活动能激发教师的专业发展意识，督促教师不断提升自我。这是因为，在教师群体中，教师个体能意识到与他人的差距，激发专业发展意识。正如乡村小学教研员说道：“只有通过一次又一次的专业合作，在集体的环境中才能意识到自己的不足之处，激发学习意识，督促教师不断进步。”（WPT1）

（三）乡村教师：提升教学效能感

教师教学效能感最早是由阿莫尔（Armor）和伯曼（Berman）提出，是指教师在从事教育教学活动之前对自己能够在何种程度上完成何种任务所具有的信念、判断或把握的感受能力[15]，即教师对自己的教学能力、教学水平以及有效影响学生学习行为和成绩的能力方面的主观判断[16]。对于乡村教师，尤其是新手教师来说,面临着由教育专业的学生向正式教师角色的转换,主要关注的是教学中的自我生存。因此,在教学过程中,他们往往要花费大量时间精心地准备教学内容,设计教学环节,熟悉教学流程。但由于缺乏教学经验,很多时候不能从学生的角度考虑,在教学过程中感到力不从心。通过与其他教师合作,新手教师能够学习优秀教师丰富的教学经验,获得专业支持,提升自我效能感,重拾专业自信。如一位刚入职的小学教师谈道:“我经常重复解释重要的教学内容,但解释多了之后,学生反而失去了兴趣。后来,与其他教师交流之后,我意识到教师要注重引导。我吸取经验,在课堂上不断引导学生思考,提升了教学效果。”(TST2) 入职一年的中学教师认为:“在经验丰富的教师身上能学习到如何设定教学目标、把握教学重难点,从而快速进入教学状态。”(GLT2) 由此可见,专业合作给了教师之间互相交流和学习的机会,有利于吸取他人的教学经验,从而提升教学效能感。

…………

三、测量

测量是按照某种特定的法则,用符号或数字来描述观察到的现象。如,研究者对事物按纬度、数量、性能或程度等方面进行区分,这就是测量。测量作为一种收集数据的方法,其显著特点是使用易于量化的测量工具,得到的数据便于统计、分析、处理。测量在教育研究中也有广泛的应用,如认知测量、人格特质测量、教育教师水平评价、教育课程质量评价等。

1. 测量的优缺点

测量具有以下优点:第一,具有较强的科学性。测量量表的编制过程是由专门人员运用专业知识进行的,具有严谨、客观、科学的特点。第二,具有较高的标准化程度。测量量表的编制和测量的施测、测量结果的统计分析等都有统一的标准。第三,便于进行定量分析。运用测量收集的数据便于研究者进行定量的分析和比较。

测量具有以下缺点:第一,测量量表编制难度较大。测量量表的编制是一个专业化程度较高的过程,要求研究者具有专业的知识和能力,非专门机构的

专业人员难以胜任。第二,难以进行定性分析。研究者对测量的结果大多进行的是浅层次的定量描述和解释,难以进行深层次的定性的意义诠释和解析。第三,灵活性较差。测量量表的题目内容和测量实施的程序都是固定的,无法根据研究者的实际需要随意做出调整。

2. 测量的类型

根据测量的不同水平,教育研究中通常将测量从低到高分为四种类型:定名测量、定序测量、定距测量和定比测量。

(1)定名测量

定名测量(名义测量)是指对测量对象的类别进行鉴别的一种测量。定名测量中的数值仅代表类别,而无数量大小的含义。例如将学生的性别分为男性和女性两类,分别用 1 表示男性,2 表示女性。定名测量既无绝对零点,也无相等单位,不能进行量化分析,不能进行大小比较,不能进行四则运算。适用于定名测量的统计方法包括次数、百分数等。

(2)定序测量

定序测量(顺序测量)是指不仅对测量对象的类别进行鉴别,还对类别的大小或等级进行排序的一种测量。定序测量中的数值仅代表等级或顺序位置,有大小的含义。例如把学位从高到低划分为博士、硕士、学士,对应表示为 3、2、1。定序测量既无绝对零点,也无相等单位,可以按大小排序,但不能进行四则运算。适用于定序测量的统计方法包括中位数、百分数、斯皮尔曼等级相关等。

(3)定距测量

定距测量(间距测量)是指对测量对象的间距特征进行计算和排序的一种测量。定距测量中的数值既代表数量的多少,又代表间隔的大小。定距测量没有绝对零点,只有人为设定的相对零点,有相等单位,可以按大小排序和进行加减运算,但不能进行乘除运算。例如在进行某项实验时,A 组学生的学习动机分数是 90 分,B 组学生的学习动机分数是 60 分。我们可以说 A 组学生的学习动机得分比 B 组同学高 30 分,但不能说 A 组同学的学习动机得分是 B 组学生的 1.5 倍。适用于定距测量的统计方法有平均数、标准差、T 检验等。

(4)定比测量

定比测量(比率测量)是指对测量对象之间的比率关系进行计算和排序的

一种测量。定比测量可以用于测量长度、重量、时间等。定比尺度不仅有绝对零点,还有相等单位,可以进行四则运算。例如,10 千克和 20 千克之间的差与 50 千克和 60 千克之间的差都是 10 千克,60 千克是 10 千克的 6 倍。适用于定比测量的统计方法包括上述提到的各种统计方法。

3. 测量的实施程序

一般测量的实施可以分为以下几个步骤:第一,确定测量目标。测量前必须知道测量目的是什么,从而制定明确的测量目标,即对什么进行测量。第二,选择合适的测量工具。确定测量目标后,需要根据目标选择合适的测量工具。许多测量已有成熟的、确定的、可信的测量量表,如韦克斯勒智力量表、吉尔福特创造力测验、瑞文标准推理测验、卡特尔 16 种人格因素问卷等。但还有很多的测量并没有成熟的、直接可用的测量量表,需要研究者自行编制。对于自编的测量工具,实施前一般要进行预测,进行效度和信度的检验分析;对用于测验的测量工具,还需进行难度和区分度分析。另外,测量所需要耗费的时间、人力、物力等也是选择测量工具时应考虑的因素。第三,测量实施。有了合适的测量工具后,还必须按一定规范实施测量。首先,测量人员在测量前必须熟悉测量内容和测量程序,并准备好测量中使用的相关材料;其次,测量实施中,测量人员需要与受测者构建良好的合作关系,减少环境、情绪等原因对受测者产生的影响;最后,测量后,测量者应公正客观地评价、记录测量结果,以保证获得可靠的测量结果。第四,合理解释测量结果。对测量结果的解释会运用到许多统计学知识。在解释测验结果时要做到有依据、有分寸,不武断地作绝对性结论,也不作无限度推论。此外,测量人员应遵守职业道德,应当给予受测者充分的尊重,不得透露涉及受测者隐私的信息,更不能歧视、伤害受测者。

四、观察

观察是教育研究者依靠自己的感官或借助适当的辅助仪器,有计划、有目的地对处于自然情境中的研究对象的言语、行为等外部表现进行系统考察,从而获得相关信息的收集资料和数据的技术。

1. 观察的优缺点

观察具有以下优点:第一,简便易行。观察作为一种收集资料和数据的技

术,实施较为简便易行,研究者只需用自己的感官或携带摄像机等仪器,按照观察计划进入自然情境即可开始对观察对象进行观察。第二,资料可靠。研究者通过有目的、有计划地对某一教育现象及变化过程进行观察,获得的资料绝大多数是较为可靠的一手资料。

观察具有以下缺点:第一,缺乏控制。观察的对象处于没有人为干预和控制的自然情境中,观察到的现象可能带有表面性或偶然性,不同人对同一现象的观察会因视角不同或主观因素不同导致不同的观察结果。由于是现场观察,会影响被观察者的正常活动,所以可能会被拒绝。第二,研究效度受影响。观察研究的样本一般较小,被观察的教育现象往往处于不断变化之中,且观察得到的资料较为琐碎,不易系统化,普遍性程度不高,因此会影响研究的效度。第三,只能观察到被观察者的行为变化。观察者所能观察到的只是被观察者外显的行为变化,而无法对被观察者内隐的心理活动或对一些问题的态度看法进行观察。

2. 观察的类型

(1)定量观察

定量观察是指为获得可靠的资料和数据而将程序标准化的观察。定量观察需要标准化的程序主要包括几个方面:观察谁(观察的对象,如观察教师还是学生)、观察什么(观察的变量,如上课看手机的行为)、什么时候观察(观察的时间,如课间休息时间、上课时间)、在哪里观察(观察的地点,如教室、操场),如何观察(观察的方式,如观察者经过训练用相同的程序或步骤进行观察)。①

定量观察的抽样记录方法主要有以下几种:第一,时间抽样。指观察者按照规定好的时间间隔进行的观察和记录。例如观察者每 10 分钟观察一次学生的行为。第二,事件抽样。指观察者在某一特定事件发生后进行的观察和记录。例如当一名教师惩戒一名违反课堂纪律的学生后,观察教室里学生的行为。第三,即时抽样。指观察者将标准单位时间内发生的所有行为记录在观察表中的相应类别上。例如假设记录每 30 秒进行一次,那么观察者需要将前 30 秒发生的事情记录在观察表的相应类别中。第四,等级量表。指观察者依据某

① 伯克·约翰逊、拉里·克里斯滕森:《教育研究:定量、定性和混合方法》,马健生等译,重庆大学出版社 2015 年版,第 191 页。

个标准对目标行为设置评价等级,并在一段时间内对目标行为进行观察,结束观察后,依靠回忆在量表上对该期间内发生的目标行为进行评级。例如研究者在观察某数学教师的教学技能时,可以事先列出若干项评价指标,并对每一项指标按照好、中、差设置评价等级,然后对该数学教师的教学情况进行观察和记录。

(2)定性观察

定性观察是指研究者没有预先制订好的观察计划,不确定具体的观察对象,需要观察所有相关的重要现象并将观察结果记录在田野笔记上的观察①。

1)定性观察的指导原则

由于没有预先制订的观察计划,在定性观察的过程中,研究者需要遵循 5W1H 的指导原则。②

Who:研究者要对被观察者的性别、年龄、与自己的文化差异等特征保持适度的敏感性。例如研究者需要提前对所要观察的人文环境做一定的背景调查,了解在情境或团体中的被观察对象是谁?他们的数量、身份、特征等是什么?他们在情境或团体中的身份是如何获得的?

What:研究者要观察被观察对象在这一情境中正在做什么和说什么。研究者对听到的内容不仅要保持中立,还要有共情理解能力。研究者还要观察和记录情境的特征、观察对象重要的行为、语言和非语言的交流、团体中权力和地位等级以及其他对研究者来说重要的东西。在记录田野笔记时要有细节的描述和直接引用被观察者原话的内容。

Where:研究者要观察的情景是在哪里?该情景是由哪些资源和物体构成的?被观察者在该情境中如何分配资源?

When:研究者要观察被观察对象何时互动?多久互动一次?

Why:研究者要观察和解释为什么被观察对象要采取这些行动?

How:研究者要观察各要素之间是如何联系的?变化是如何发生的?

① 伯克·约翰逊、拉里·克里斯滕森:《教育研究:定量、定性和混合方法》,马健生等译,重庆大学出版社 2015 年版,第 193 页。

② 伯克·约翰逊、拉里·克里斯滕森:《教育研究:定量、定性和混合方法》,马健生等译,重庆大学出版社 2015 年版,第 192~193 页。

2）研究者在定性观察中扮演的角色

研究者在定性观察中的不同时间和情境下扮演的角色主要有以下四种①：

完全参与者：研究者在定性观察中扮演的是处于情境之中，同为被观察对象群体一员的观察者的角色。例如研究者作为教师团队的一员在一段时间内一边从事教学活动一边观察其他教师的教学行为。

作为观察者的参与者：研究者在定性观察中扮演的是处于情境之中的一名参与者的角色。研究者需要在现场花费大量时间和精力参与和观察，并向研究对象解释说明，自己是研究者而不是被观察者中的一员。例如研究者深入一所学校开展定性观察时，需要告知该校的员工自己正在开展一项研究，然后参与这所学校的运作。

作为参与者的观察者：研究者在定性观察中扮演的是处于情境之中的一名观察者的角色。研究者不需要在现场花费大量时间，他们与参与者互动是短暂而有限的。例如研究者仅通过参加一所学校的教职工大会、家长会和几节课的方式进行观察。

完全观察者：研究者扮演的是一个独立于情景之外的观察者的角色。被观察对象不会被告知或觉察到自己正在被观察。例如研究者可以通过窗户或坐在教室后面进行观察。

3. 观察的实施程序

第一，界定研究问题，明确观察目的。研究者运用观察法开展研究时，必须要首先弄清以下三个问题，即观察什么（what）、为何观察（why），如何观察（how）。

第二，编制观察提纲。研究者事先要根据研究的问题和观察目的等编制观察提纲，详细制定观察的时间、地点、对象、内容、方法、步骤等。为了避免重要资料的缺失，观察提纲的编制应该有一定的变通性。

第三，进入观察情景实施观察，收集并记录资料。研究者进入情境后，就可以按照预定的计划循序渐进地开展观察，并做好详尽的记录。观察与记录是观察实施过程中最重要的步骤。观察者在观察时应做到客观、专注和敏锐，在记

① 伯克·约翰逊、拉里·克里斯滕森：《教育研究：定量、定性和混合方法》，马健生等译，重庆大学出版社 2015 年版，第 194~195 页。

录时应做到及时、准确和详细。

第四,分析资料,得出结论。原始观察记录一般是混乱和庞杂的,只有经过整理分析,研究者才能发现其中的规律,得出研究结论。

4. 观察资料的整理和分析

为了使观察记录完整、清楚、准确,研究者需要对观察记录进行整理和分析,主要步骤如下:第一,初步整理。对观察资料进行整理分析的第一个步骤是对原始资料进行初步整理,以确保资料的准确性和完整性。第二,编码和分类。对观察资料进行整理分析的第二个步骤是在初步整理的基础上,对原始资料进行编码和分类。编码是用数字、符号、概念等对记录的文字进行标注的整理资料的方法。例如对学生的认知水平可以用"低阶思维"和"高阶思维"进行标注。分类是在编码的基础上把同一类编码资料合并在一起的整理资料的方法。例如研究者分别把所有与"低阶思维"和"高阶思维"编码有关的资料收纳在两个不同的文件夹中,在每个编码标题下方标出资料的序号、页码等信息。第三,量化处理。对观察资料进行整理分析的第三个步骤是对经过编码和分类的资料进行量化处理。量化处理是对编码分类后的观察资料进行统计分析。研究者在确定分析单位、分析工具和分析框架的基础上,对编码分类处理后的观察数据进行统计分析。第四,建立扎根理论。对观察资料进行整理分析的最后一个步骤是建立扎根理论。扎根理论是一种自下而上构建教育理论的方法,旨在从经验事实中归纳概括出新的概念和理论。(有关扎根理论的详细内容参见第四章第六节)

理论思考与实践应用

1. 在教育研究中选择定性研究或定量研究的依据是什么?

2. 试论述不同抽样技术有哪些异同?在研究中应如何确定使用哪种抽样方法?

3. 收集数据和资料的主要技术有哪些?这些技术之间有何异同?

第七章　教育研究资料的分析

内容提要

资料分析是教育研究的重要步骤。本章分为三部分,分别介绍了教育研究资料的定量分析、定性分析和混合分析。

层次结构图

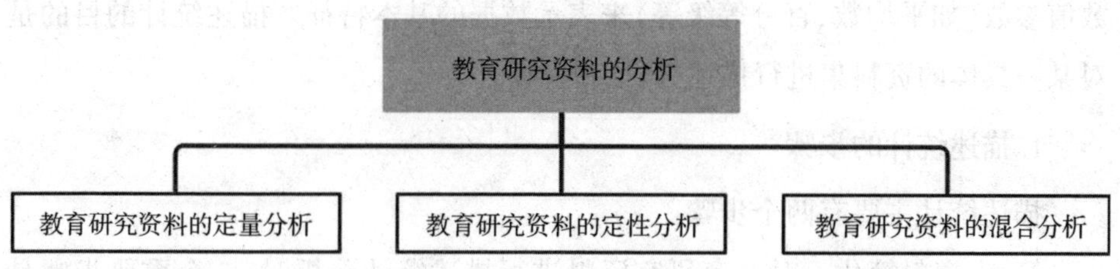

学习指导

1. 识记描述统计和推断统计的差异。
2. 理解描述统计和推断统计的目的。
3. 灵活运用相应的步骤对教育研究资料进行定量、定性或混合分析。
4. 分析比较对教育资料进行定性分析、定量分析、混合分析的区别和联系。

第一节　教育研究资料的定量分析

定量分析对教育研究资料的量的规定性做局部分析。它采用数学和统计学方法,对收集的教育研究资料进行统计分析,从而发现事物或现象间的数量关系和特征,并揭示所研究事物或现象的本质及规律。

教育研究资料的定量分析可以分为两类:描述统计和推断统计。

一、描述统计

描述统计是指通过数学方法或图表对数据资料进行整理、分析,并对数据的分布状态、特征和变量之间的关系进行定量描述的统计方法。描述统计由对大量从观察、调研或实验中得到的一组数据集进行整理开始,通过将数据处理成一个易于说明的形式(如做出频次分布表或画出统计图),以及计算出数据的数值参数(如平均数、百分等级等)来表示数据的基本特征。描述统计的目的是对某一具体的资料集进行描述、概括和解释。

1. 描述统计的步骤

描述统计主要有两个步骤:

第一,资料简化。对教育研究资料进行描述统计分析时,一个重要步骤是简化研究资料。例如在一项有关中小学生校园暴力现状的问卷调查中,研究者如果对 2000 名被试进行调查,每名被试回答 30 道问题,就会得到 6 万个答案。仅仅通过阅读这 6 万个答案,研究者无法得出任何有意义的结论。因此,研究者必须使用一种简化的方式对收集到的资料进行简化,从而使资料由一种难以解读的细节形式简化为易于处理的摘要形式。通常来说,建立一个由量化得来的原始资料矩阵是对资料进行简化的有效方式。在建立资料矩阵时,相关资料被简化或编码为可以进行量化处理的数字。例如对性别进行编码时,可以用 1 代表女性,2 代表男性。

第二,相关性测量。对教育研究资料进行描述统计分析时,另一个重要步

骤是测量变量间的相关程度。对变量间相关程度的测量通常建立在减少误差比例(proportionate reduction in error,简称 PRE)的基础上。PRE 表示用一个变量(X)解释另一个变量(Y)时能够消除的错误的比率。例如研究者用被试的受教育程度预测其收入水平时,如果 PRE=0.8,表示用变量受教育程度预测变量收入水平可以减少 80%的误差,那么就可以推测两个变量之间的相关程度很高,PRE 的运用提高了推测被试收入水平的准确程度。基本的 PRE 模型可以根据不同的测量方式(定名、定序、定距、定比)进行修正。

2. 描述统计的分类

(1)用数据描述统计量的基本方法

1)描述单一变量特征的方法

用数据对单一变量的特征进行描述,可以通过一些概括性量数来反映,主要包括集中量数、差异量数和地位量数等。

① 集中量数

集中量数是描述数据集中趋势的量数,主要包括中位数、众数、算术平均数等。

中位数是按照大小顺序排列的一组数据中间位置的数值。如果这组数据是奇数个,中位数就是中间位置的数;如果这种数据是偶数个,中位数是最中间两个数的平均数。例如 7 个数字分别为 3,5,9,15,7,12,1,将其由小到大排列为 1,3,5,7,9,12,15,由于该组数据个数为奇数,所以位于中间的数值 7 就是这组数字的中位数。再如,6 个数字分别为 3,8,12,1,6,9,将其由小到大排列为 1,3,6,8,9,12,由于该组数据个数为偶数,所以位于中间的两个数值 6 和 8 的算术平均数就是中位数,即(6+8) ÷ 2=7。

众数是指在数字分布中出现频率最多的数字。如果有两个众数时,则称作双峰众数;有三个或更多时,被称作多峰众数。例如一组数字 2,3,5,5,5,8,8,9,其中出现频率最多的数字是 5,因此该组数据的众数为 5。如果一组数字出现两个众数,例如 2,3,6,6,6,8,8,8,9,由于 6 和 8 都出现了 3 次,则 6 和 8 是双峰众数。

算术平均数是指一组数据的总和与数据个数的商,用公式表述为:

$$\text{算术平均数} = A_n = \frac{a_1 + a_2 + a_3 + \cdots + a_n}{n}$$

一般来说，算术平均数是最好的集中数量，因为它考虑到所有数的大小。只有研究者认为某个数字或种类出现得最频繁，这个问题非常重要时，才使用众数。当数据是高度偏态时，中位数的使用更合适，因为其受极值影响较小。

② 差异量数

差异量数是指一系列反映数据间彼此离散、分散、差异程度的量数，包括方差、标准差、差异系数等。

方差是指每个数据与该组数据的平均数之差的平方的平均数，其符号为S^2，即：$S^2 = \frac{\sum_{i=1}^{N}(X-\bar{X})^2}{n}$。

标准差即方差的平方根，其符号为S，即：$S = \sqrt{\frac{\sum_{i=1}^{N}(X-\bar{X})^2}{n}}$。标准差是数据与平均数差异大小的近似指标。方差和标准差常被研究者所使用，因为它们是最为稳定的差异量，并且是进行更高级的统计分析的基础。

差异系数是指一系列的标准偏差和平均值的比例，也称为标准偏差，通常以CV来表达。公式为：$CV = \frac{S}{\bar{X}} \times 100\%$。若将两个资料的离散性进行对比，并且两个资料的平均值有很大的差别时，采用差别因子将会比单一的标准差更为科学化。

差异量越大，数据分布范围越分散；差异量越小，数据分布范围越集中，数据就越有代表性。例如甲组数据：32，33，35，36，39 ；乙组数据：25，30，34，42，44。这两组数据的平均数都是35，但由于甲组的数字比乙组更集中，所以平均数35对甲组的代表性就明显优于乙组。

③ 地位量数

地位量数是反映原始数据在所处分布中地位的量数，包括百分等级分数、标准分数等。地位量数能反映出原始资料在其所处的位置。很多时候，原始数据本身不能给我们提供太多的信息。例如某学生期末考试成绩为80分，很显然，如果没有更多的信息，很难去评价和解释它。这时候你可能希望知道这个数字在全班学生期末考试成绩中的分布中处于什么位置，该信息的数字化表示

即相对地位量数。这里,我们介绍两种相对地位量数:百分等级和标准分数。

百分等级分数是指一组有序数据中,低于某一特定原始分数的所有分数所含次数占总数的百分比,通常用 PR 表示。假设,某学生期末考试成绩的百分等级 PR=85,则表明,该学生期末考试成绩比 84%的人高,比 15%的人要低。

标准分数(也称 Z 分数)是指一种由原始分推导出来的相对地位量数。标准分数是用来说明原始分数在所属的那批分数中的相对位置的。标准分数是由原始资料和平均计算结果之间的差异得到的商,用 Z 符号来表达。用公式表述为:

$$Z=\frac{\text{原始分数}-\text{均值}}{\text{标准差}}=\frac{X-\bar{X}}{SD}$$

这意味着 Z 分数告诉你一个原始分数距平均数有多少个标准差。换句话说,Z 分数标准化可以将任何一组原始分数转化成一组均数为 0,标准差为 1 的新分数,且 Z 分数转化之后不影响数据分布的总形状。如果原始分数高于平均分,则 Z 分数是正的;如果原始分数低于平均分,则 Z 分数是负的;如果原始分数等于平均分,则 Z 分数是 0。假设有三个学生参加某一测验,A 的 Z 分数是+1.00,B 的 Z 分数是 0,C 的 Z 分数是-0.5,则说明 A 的成绩在三人中最好,得到高于平均数一个标准差的分数;B 的成绩次之,所得分数与平均数相等;C 的成绩最差,所得分数在平均数之下的 0.5 个标准差上。

2)描述变量之间关系的方法

用数据对不同变量之间的关系进行描述的方法主要有:相关系数、回归分析等。

相关系数是反映两个变量之间的关系的强弱和取向的数值指标。相关系数的取值范围在-1 到+1 之间。0 代表完全不相干。"+"代表一致的方向,这意味着有一个正比关系(变量在同一个方向上);"-"代表不同的方向,说明有负相关(变量向相反的方向移动)。相关系数为+1.00,即完全正相关;相关系数为-1.00 时,即完全负相关。那么相关被称为是完全的,即相关性最强。数字越小(忽视+、-符号),越接近 0,说明相关性越弱。(有关相关系数的详细内容参见第三章)

回归分析是验证变量之间是否存在相关关系的统计方法。例如某学科教师的教学质量与家长满意度之间的关系,就可以用回归分析。回归分析的基本步骤如下:步骤 1:确定变量。首先,通过明确预测目标来确定因变量。其次,在文献研究或调查研究的基础上,通过探寻预测目标的影响因素来确定自变量。步骤 2:构建预测模型。在根据历史统计资料计算因变量和自变量的基础上建立回归分析方程(预测模型)。步骤 3:进行相关分析。对变量进行回归分析时,需要先确定变量之间的相关关系是否存在。如果变量之间的相关关系不存在,对这些变量进行回归分析就会得出错误的结论。因此,需要通过相关系数的大小来对变量之间进行相关关系分析。步骤 4:计算预测误差。回归预测模型能否被应用于实际预测主要由预测误差的数值大小决定。只有当预测误差的数值较小时,回归预测模型才能被应用于实际预测。步骤 5:明确预测值。在运用回归方程测算出预测值后,还需要进行分析判断并确定最终的预测值。

回归分析和相关分析之间存在着一定的相关性和差异。它们都是研究变量间关系的重要手段。进行回归分析的前提是变量间存在相关。如果两个变量间无相关,则回归方程无效;两个变量间相关程度越密切,则依据回归方程估计或预测因变量的值时,结果就越可靠。

(2)用图表描述统计量的基本方法

对数据进行描述的基本方法主要包括频次分布表和统计图表。

1)频次分布表

频次分布表是指将一组数据中的个别数字的发生频率,或者某一组的数据在同一组中的发生频率用规范的表格形式加以体现的一种数据描述方法。频次分布表是描述一个变量数据值的基本方式之一,是对数据值的系统整理,其中的数据按等级排序并将每一个独特数据值的频次都显示出来。例如通过对学生阅读素养相关情况进行调研,可以发现不同组别学生阅读素养成绩的频次分布,见表 7-1。

表 7-1　不同组别学生阅读素养成绩的频次分布表

	频次	百分比	有效百分比	累积百分比
高分数组	264	31.88%	31.88%	31.88%
中分数组	333	40.22%	40.22%	72.10%
低分数组	231	27.90%	27.90%	100%
合计	828	100%	100%	100%

表 7-1 的第一列为组别名称,显示了 3 个等距组别名称外,第二列为频次,第

三列为百分比,第四列是有效百分比,第五列是累计百分比,也就是从上到下的累计百分比。通过累积百分比,我们可以很快判断出不同组别学生阅读素养成绩有多少人。从表 7-1 中,我们可以看出频次分布最多的组别为中分数组,包含了 333 个数据值,占全部的 40.22%。一般情况下,我们会构建 7~15 个组别,当数据数目较多(N≥300 时),可以用来估算组数。

构建频次分布表的步骤如下:在第一列中按升序列出每一个数字(如果一个特定数字出现若干次,只列出一次即可;如果一个数字在数据中没有出现,则不需要列出它);计算第一列中列出的每个数字出现的次数,将结果放在第二列中;第三列主要是把第二列中次数转化成百分比来构建,即将第二列中的数字次数除以总数。

当一个变量的数据值范围较大时,将变量的值分为区间则有利于理解。这种频次分布的结果叫作**分组频次分布表**。研究者一般的惯例是建构 5~8 个大小相等的区间。在构建分组频次分布表时,区间保持**相互排斥**,即区间之间没有任何重叠。如 2000~2500 元和 2500~3000 元之间就不是互相排斥,因为 2500 元可以同时被放在两个区间中。此外,区间保持**穷尽**也十分必要,即一组区间包括了数据值的全部范围。

2)统计图

统计图是数据在二维空间中的图形表示,一般用于对单一变量数据值的统计以及对两个变量数据值之间相关性的初探。统计图主要分为:直条图、直方图、线形图、散点图等。

直条图(条状图)是用垂直的长方条表示数据的统计图。图 7-1 不同组别学生阅读素养成绩条形图的数据来自表 7-1 的数据集,水平 *X* 轴表示组别,垂直 *Y* 轴表示频次。通过图 7-1 我们可以很容易分辨出中分数组频次最高,低分数组频次最低。

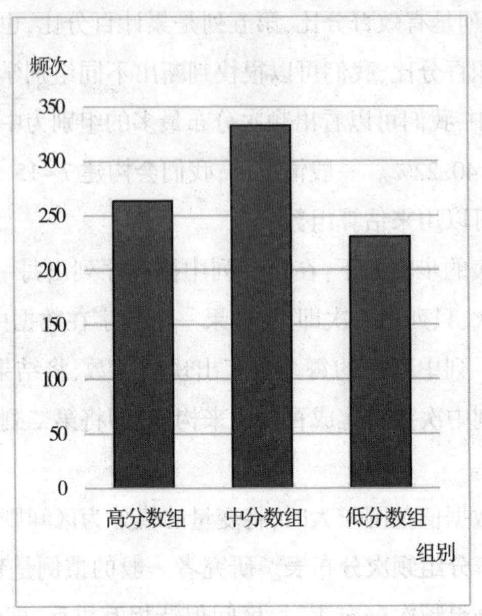

图 7-1 不同组别学生阅读素养成绩直条图

直方图是用一系列宽度相等、高度不等的长方条表示数据的统计图，其宽度代表组距，高度代表组距内的数据数（频数）。直方图是呈现频次分布的统计图。与频次分布表相比，它可以更好地显示数值分布的形状。直方图的呈现形式与条形图类似，不同的是条形图主要用于变量是类别变量时，而直方图主要用于变量是定量变量时。直条图中的条状间存在间隙，而直方图的长条彼此之间没有空隙。如图 7-2 不同组别学生阅读素养成绩直方图。

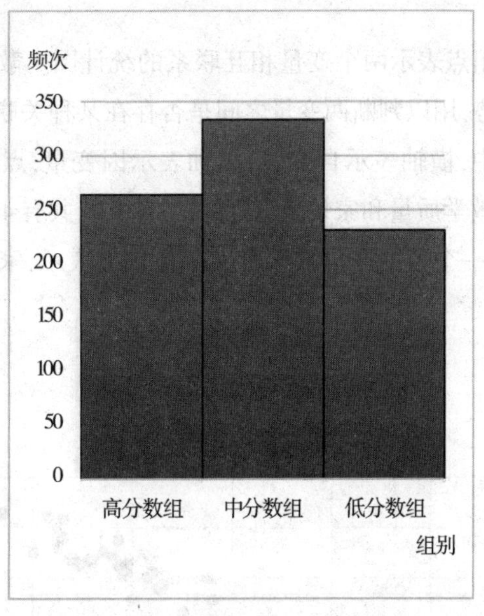

图 7-2　不同组别学生阅读素养成绩直方图

线形图是用一条或多条线来呈现变量分布的统计图。线形图的使用范围很广，它可以用来呈现某一变量数据值的频次或数据值随时间变化的趋势（时间被置于 X 轴，随时间变化的变量置于 Y 轴），也可以用于多个变量中。例如图 7-3 表示的是不同年份发表与某主题相关文献篇数的情况。定量历年发表文献篇数被置于 Y 轴，定性变量年份被置于 X 轴。

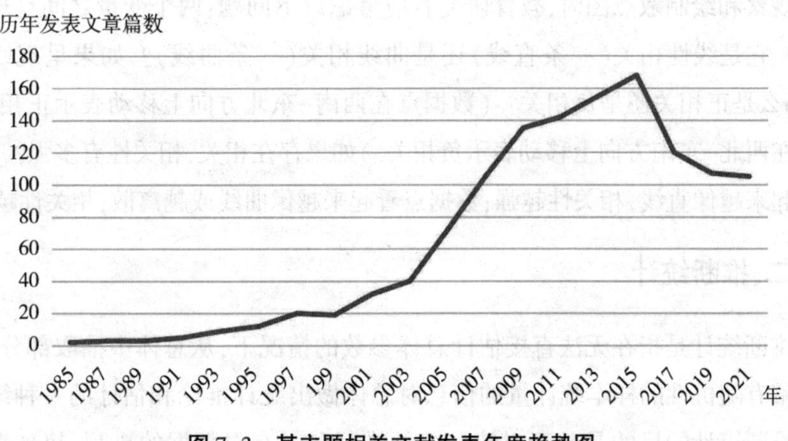

图 7-3　某主题相关文献发表年度趋势图

散点图是用一组点表示两个变量相互联系的统计图。散点图表示因变量随自变量而变化的趋势,用以判断两变量之间是否存在某种关联或总结坐标点的分布模式。在散点图中,横轴表示自变量,纵轴表示因变量,点表示各个事件或个体。图 7-4 所示的教学质量和家长满意度的散点图中,共有 40 个数据点(数据集中的 40 个个体每人一个数据点),教学质量在 X 轴上表示,家长满意度在 Y 轴上表示。

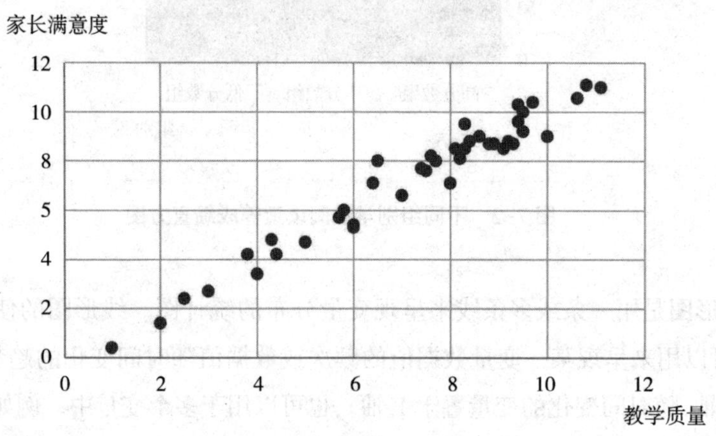

图 7-4　教学质量和家长满意度的散点图

观察和绘制散点图时,教育研究者应考虑以下问题:两个变量之间呈现出相关吗?它是线性相关(一条直线)还是曲线相关(一条曲线)?如果呈现线性相关,那么是正相关还是负相关?(数据点在西南-东北方向上移动表示正相关;数据点在西北-东南方向上移动表示负相关。)如果存在相关,相关性有多强?(数据点看起来越像直线,相关性越强;数据点看起来越像曲线或越离散,相关性越弱。)

二、推断统计

推断统计是指在无法直接估计总体参数的情况下,从总体中抽取部分样本,并由带有随机性的样本统计量的信息对总体做出统计推论和估计的一种统计方法。推断统计的目的是基于对统计学的描写和对有限数据的描写,超越直接数

据,在一定概率的意义上通过样本去推论其所在总体的数量特征或分布特征,并说明这种推论的可靠性。

1. 推断统计的要点

第一,在推断统计中,要区分总体和样本。总体是指被调查的全部事物的集合,而样本则是从整体中选取的一个子集合,对二者进行区分对于进行推断统计非常必要。

第二,在推断统计中,要区分参数和统计量。参数是总体的数值特性,而统计量则是代表抽样的数值特性。

第三,在推断统计中,要研究样本而不是总体。因为研究样本的成本过高且研究者的时间精力有限。

第四,在推断统计中,要使用随机抽样方法。因为使用随机抽样可以使研究者进行基于概率理论的推断统计。

2. 推断统计的分类

推断统计有两种不同的类型:参数估计和假设检验。

(1)参数估计

参数估计是依据从样本中获取的信息对总体的特征进行估计的一种推断统计方法。例如研究者通过抽取某学校的 18 个班级学生本年度的平均学业成绩,来估计该校本年度的学业成绩的平均值就属于参数估计。

参数估计有两种基本的形式:点估计和区间估计。我们可以通过一个例子来了解一下这二者之间的区别,比如别人问你:"你是小学三年级吗?"我们可以称之为点估计,如果有人问你:"你还在上小学吗?"我们就可以称之为区间估计。

点估计是用一个特定的值(一般常用样本统计量,如样本的平均数、样本的方差等)来估计一个对应总体参数的值。例如研究者用样本平均数去估计总体平均数、用样本百分比去估计总体百分比、用样本的相关去估计总体的相关。样本统计量的特定值就叫作点估计值,这个值也是你未知的总体参数可能值的最佳猜测。当然,由于存在抽样误差,点估计值往往是不能与总体参数值完全吻合的。

区间估计是用数轴上的一段距离来表示总体参数可能落入的范围,是用一个置信区间①估计总体参数。置信区间的两个端点称为置信界限,最小值称为置信下限,最高值称为置信上限。研究者一般使用置信区间来描述整体参数值会跌落到什么程度,以及整个参数值跌落在这个范围内的概率(也就是可信程度)或发生错误的概率。95%的置信区间值表明95%的概率含有全部的参数,而99%的置信区间值表明99%的概率含有全部的参数。一般来说,并不能认为置信水平越高越好,比如说98%的置信区间宽于94%的置信区间,就等同于说"2~6年级"比"3~5年级"置信区间要宽,正确率更高,但是精准度后者更高。所以,在高的可信度和较小的可信度之间,存在着一个折中的问题。增大样本容量是同时获得高置信水平和更窄(更精确)的区间的有效方法。与点估计相比,教育研究者更倾向于使用一个有着最大值和最小值的数值范围(即置信区间),来提高获得真实总体参数的概率。

(2)假设检验

假设检验是指对样本所属总体所做的假设是否正确的统计推断。例如研究者通过比较某区5所私立高中和5所公立高中的学业成绩,来推断私立高中和公立高中学业成绩是否存在显著差异就属于假设检验。

1)假设检验的基本类型

假设检验始于对虚无假设和备择假设的陈述。

虚无假设与研究者的假设不一致,是研究者希望推翻的假设。虚无假设用符号 H_0 表示。虚无假设是假设检验的重点,因为假设检验在假设虚无假设为真的前提下进行,直接检验的是虚无假设而不是备择假设。如果对样本的统计分析结果与虚无假设完全不同,研究者会拒绝虚无假设,而接受备择假设。

备择假设是与研究者的假设相一致,是研究者希望证实的假设。备择假设用符号 H_1 表示。备择假设在逻辑上与虚无假设是对立的,即二者不可能同时正确。

假设检验的关键问题是:如果假定虚无假设是正确的,样本统计量的值是不大可能让研究者拒绝虚无假设、解释备择假设的吗?

① 置信区间=点估计±误差幅度

2)假设检验的基本逻辑

假设检验所遵循的基本逻辑是显著性检验。研究者先建立他们最终希望拒绝的虚无假设,再证明这个假设不成立从而接受备择假设。

假设检验的基本逻辑具体如下:首先,假定虚无假设是真的,并利用推断统计的原理建立一个虚无假设为真时样本统计量(平均数、相关系数等)的抽样分布;其次,对样本统计量的实际观测值进行分析,得到在虚无假设为真的前提下,该观测值发生的概率值[①](p 值);最后,如果这种情况的概率很小(一般都是 0.05 以下),那么这种观察被视为“一次实验中不会出现的”小概率事件,它可以排除虚无的假定,而接受备用的假定,而不是否定虚无的假设。这里提到的 0.05 是我们选择的显著性水平[②]。显著性水平又叫 α 水平,是判断何时拒绝虚无假设的界限(需要注意的是,并不是所有的研究者都选用 0.05 作为临界值,常见的还有 0.01)。实际研究中,SPSS 软件可以根据研究者设定的统计检验方法自动选择正确的抽样分布,分析样本数据并输出概率值。研究者要做的就是明确自己想要检验什么虚无假设,然后选择适当的检验方法。[③]

3)假设检验的基本步骤[④]

步骤 1:建立假设,即同时建立虚无假设 H_0 和备择假设 H_1。例如检验两个总体平均数之间的差异性时,可列出如下假设:

$$H_0: U_1 = U_2 \quad H_1: U_1 \neq U_2$$

步骤 2:在设定虚无假设后,研究者会在研究开始之前设置显著性水平(α 水平)。显著性水平由研究者根据想要得到的研究结果的精确程度进行设置,研究者一般会将其设置为 0.05;

步骤 3:选择适当的假设检验方法,用 SPSS 等统计分析软件计算概率值;

步骤 4:比较概率值和显著性水平,根据假设检验的决策规则或小概率事件实际不可能原理做出肯定或否定的统计判断(得到研究结果统计显著的结论且拒绝

---

① 概率值是在虚无假设正确的前提下样本结果的可能性。

② 显著性水平是研究者认为事件不可能发生的临界点。

③ 伯克·约翰逊、拉里·克里斯滕森:《教育研究:定量、定性和混合方法》,马健生等译,重庆大学出版社 2015 年版,第 475 页。

④ 刘易斯·科恩、劳伦斯·马尼恩、基思·莫里森:《教育研究方法》,程亮等译,华东师范大学出版社 2013 年版,第 765~766 页。

虚无假设，或者得到研究结果统计不显著的结论且不拒绝虚无假设)，最后解释统计结果并对显著性水平做出实质性的判断。

4)假设检验的决策规则

在进行假设检验时，教育研究者应遵循以下决策规则①：

规则1：如果概率值≤显著性水平，那么研究者就会做出拒绝虚无假设和接受备择假设的决策，并得出研究结果统计显著的结论。

规则2：如果概率值>显著性水平，那么研究者就会做出接受虚无假设的决策，并得出研究结果统计不显著的结论。

5)假设检验中的两类错误

在假定测试中，根据抽样统计量观察到的发生概率来确定假定的折中，可以得出以下四个结论：

结论1：虚无假设 H_0 是正确的，应该被接受，且你的判断是接受 H_0 的，那么结果就是A类正确。

结论2：虚无假设 H_0 是错误的，应该被拒绝，且你的判断是拒绝 H_0 的，那么结果就是B类正确。

结论3：虚无假设 H_0 是正确的，应该被接受，且你的判断是拒绝 H_0 的，那么结果就是Ⅰ类错误。

结论4：虚无假设 H_0 是错误的，应该被拒绝，且你的判断是接受 H_0 的，那么结果就是Ⅱ类错误。

如上所述，有两种结果是正确的判断(A类正确和B类正确)，有两种结果是错误的判断(Ⅰ类错误和Ⅱ类错误)。事实上，研究者最希望的是B类正确，也就是调查结果有很大的统计学意义，研究者不会做出虚无假设，而是会接纳备择假设。

第二节　教育研究资料的定性分析

定性分析是对教育研究资料的质的规定性做整体分析。它根据研究者的认

① 伯克·约翰逊、拉里·克里斯滕森：《教育研究：定量、定性和混合方法》，马健生等译，重庆大学出版社2015年版，第467页。

识和经验，确定研究对象是否具有某种性质或某一现象的变化过程和变化原因。

与定量分析不同，定性分析具有以下特点：第一，注重整体发展的分析。定性分析在内容上关注事物发展过程及其相互关系，主要是立足于从哲学、心理学、历史学、政治学等层面上的探讨，以便对研究对象有整体性、发展性和综合性的把握。第二，分析对象是质的描述性资料。与定量分析对象主要是数据不同，定性分析的对象主要是文字、图像等描述性的资料。第三，研究程序具有一定灵活性。定量分析需要遵循严格的步骤，有先后的顺序要求，定性分析在程序上则相对具有一定的弹性和灵活性。第四，是对收集资料进行归纳的逻辑分析。定性分析主要采用比较、归纳、演绎、分析、综合等逻辑方法对收集的教育研究资料进行分析。第五，易受研究者和被研究者主观因素的影响，并具有背景的敏感性。

定性分析主要是对源于访谈或田野笔记转录稿的文本分析。定性分析的目的在于能清晰地总结研究数据和基于数据形成归纳性理论。教育研究者在进行定性分析时，都要借助一些基本的方法，遵循一定的步骤。

一、定性分析的基本方法

1. 期中分析

定性研究者的工作是在数据收集和数据分析之间交替变换。这种贯穿于整个研究项目的数据收集、数据分析、收集补充数据、分析补充数据的循环过程叫作**期中分析**。定性研究者通过期中分析能够不断加深对研究主题的理解，检验自己的归纳性假设，完善发展中的理论。①

2. 书写备忘录

备忘录是定性研究者记录自己有关从数据中所得内容的思考的反思性笔记。备忘录是记录数据分析过程中的想法的工具，包括有关概念、主题、模式的想法，对数据收集的进一步需求，需要在数据中进行的比较等。备忘录上所记载的内容在研究前期具有一定的推测性，在研究后期则具有一定的归纳性。由于定性数据

① 伯克·约翰逊、拉里·克里斯滕森：《教育研究：定量、定性和混合方法》，马健生等译，重庆大学出版社2015年版，第480页。

分析是一个解释的过程,所以及时记录研究者的想法十分重要。①

3. 可视数据分析

可视数据是定性研究者看到的各种类型图像,如照片、艺术品、图片、视频图像等。可视数据分析是运用一定方法对各种类型图像进行分析。对可视数据进行分析的方法主要有三种:图片引谈分析、符号视觉分析、视觉内容分析。②

图片引谈分析是研究者在访谈过程中向研究参与者展示一些图片,并引导研究参与者分析这些图片,而研究者将这些结果记录下来。其中,图片被视为数据,研究参与者被视为分析者。

符号视觉分析是以符号学理论为基础,强调研究者关注符号在视觉图像中的意义,尤其是那些具有概念性含义的单个图像或这种含义是如何通过图像产生的。

视觉内容分析是以研究者在单个图像或一组图像中直接可视的内容为基础,集中于研究一个代表性样本,而不是单个图像实例。此外,视觉内容分析较少关注深层意义,较多关注普遍性。与其他定性可视数据分析方法相比,更易于量化,如研究者可用该方法来检验女性或少数民族在课本中出现的频率。

4. 点查

点查是一种量化数据的过程。点查可以帮助教育的定性研究者在撰写结论时传达一些有关"数量"或"频率"的概念。在教育研究中,研究者有时在数据分析中需要确认词语或编码类别在数据中出现的频率是多少,即不仅要让读者了解发生了一些事情,还要让读者知道这些事情发生了多少次或多久发生一次。定性研究者可以通过统计编码或词语出现的频率来确定词语的重要性或识别数据中蕴含的主题。③

---

① 伯克·约翰逊、拉里·克里斯滕森:《教育研究:定量、定性和混合方法》,马健生等译,重庆大学出版社 2015 年版,第 481 页。

② 伯克·约翰逊、拉里·克里斯滕森:《教育研究:定量、定性和混合方法》,马健生等译,重庆大学出版社 2015 年版,第 482~483 页。

③ 伯克·约翰逊、拉里·克里斯滕森:《教育研究:定量、定性和混合方法》,马健生等译,重庆大学出版社 2015 年版,第 492 页。

二、定性分析的主要步骤

对定性数据进行分析主要包括以下步骤:第一,数据录入及存储。转录是转化定性研究数据的过程,如把访谈中的录音或观察过程中记录的田野笔记转化成一个在计算机上输入的文字处理文件。定性研究者也可以借助一些语音识别软件对数据进行转录。转录是定性分析数据的重要步骤。第二,分段、编码、形成分类系统。分段是把数据分解成有意义的分析单位。编码是把数据段(文本数据)标上符号、描述性词语或类比名称的过程。分类是定性数据分析的基本构建模块。分类系统是一个数据集内的各个类别。分层系统是具有不同级别子分类的分类系统。如,苹果、香蕉是水果分类的子分类。而水果分类则是一个叫作食物的更高分类的子分类。像这样具有不同级别的分类系统就是分层系统。定性研究者可以通过识别和研究在数据中出现的类别来理解他们的数据。在对数据进行编码之后,研究者可以关注由分类系统所展现出的主题和关系,而不是关注数据中的每一个句子或词语。分类系统描述了那些数据的特征。第三,识别关系类型。关系在定性研究中不仅包括变量,也存在于变量之外。有学者对定性研究的关系类型进行了归纳(见表7-2)。第四,绘制图表。绘制图表是展示和说明不同分类之间关系的一个有效工具。在进行数据分析时,使用图表可以帮助研究者更好地了解数据的意义。第五,证实及验证结果。为了提高定性研究的信度和效度,在定性数据收集、分析及撰写报告的整个过程,都要考虑效度问题并运用提高定性研究效度的策略。值得一提的是,在分析定性数据的过程中使用计算机程序可以极大地提高研究者的工作效率,节省大量时间。如,在转录阶段,计算机程序可以帮助存储和组织数据;在编码期间,大多数程序都能帮助研究者进行不同种类的编码,并形成分层分类系统。点查环节可以借助计算机程序完成。一些程序还可以帮助研究者把备忘录或注释附到代码或数据文件上,以随时记录分析期间的重要想法。总之,计算机程序可以帮助研究者完成所有的数据分析。①

① 伯克·约翰逊、拉里·克里斯滕森:《教育研究:定量、定性和混合方法》,马健生等译,重庆大学出版社2015年版,第483~502页。

表 7-2　常见语义关系

名称	关系形式
1. 严格包含	X 是 Y 的一种
2. 空间分布	X 是 Y 的一个地方;X 是 Y 的一部分
3. 因果	X 是 Y 的一个结果;X 是 Y 的一个原因
4. 基本原理	X 是执行 Y 的一个原因
5. 行动位置	X 是执行 Y 的一个地方
6. 功能	X 是用作 Y 的
7. 手段-目的	X 是执行 Y 的一种方法
8. 顺序	X 是 Y 的一个步骤(阶段)
9. 归属	X 是 Y 的一个属性(特征)

三、定性分析的可靠性检验

定性分析的可靠性检验主要包括:客观性检验及效度和信度检验。

1. 客观性检验

客观性是保证良好效度和信度的前提。在教育定性研究中,研究者的参与可能会导致所收集的资料具有一定的主观性。因此,为了提高定性研究的效度和信度,需要对所收集的定性资料进行客观性检验,以保证资料的真实、准确、可靠和完整。

2. 效度和信度检验

定性分析中的效度集中表现在对发现的事实的正确解释,使用的概念能否正确反映研究对象的客观实际。定性分析需要检验的效度主要有三类:内容效度、结构效度、准则效度。

定性分析中的信度检验主要涉及以下的分析和判断:所收集的资料是否受到意外因素的干扰?用相同的方法收集相同的资料是否可获得相同的结果?

定性研究效度、信度检验的方法主要包括以下三种:第一,寻找相反证据法。在进行定性分析过程中要极力寻找相反的不同观点证据的资料,如果找不到相反资料,则说明其资料和分析是可靠的。第二,三角互证法。从三个不同来源或用

三种不同方式对同一问题进行检验,并对获得的结果进行比较分析,看三者是否一致。如果一致,则说明效度和信度是良好的。第三,利用公式对内容分析的信度系统进行计算,具体公式为:

$$r = \frac{n \times (\text{平均相互同意度})}{1 + [(n - 1) \times (\text{平均相互同意度})]}$$

第三节　教育研究资料的混合分析

在混合研究中,当教育研究者完成对定量数据和定性数据的收集后,就需要进入混合数据分析的阶段了。混合数据分析是指教育研究者在同一个研究中,对收集的资料,既使用定量分析技术,也使用定性分析技术。

混合数据分析技术是最近几年才出现的,处于发展阶段,但得到了越来越多的关注。

一、混合数据的分析矩阵

在进行混合数据分析时,需要考虑以下两个因素:

第一,需分析的数据类型的数量。数据类型主要分为定量数据和定性数据。定量数据主要包括标准化测试、评价量表等。定性数据主要包括开放式访谈回答、开放式问卷回答、观察笔记、田野笔记、日志、民族志的历史及照片等。只采用一种数据类型(定量或定性数据)的被称为单元数据,同时采用定量和定性数据两种数据类型的被称为多元数据。研究者需要根据数据收集期间获得的不同数据类型的数量对需要进行分析的数据数量进行大致的评估。

第二,需采用的数据分析类型。数据分析类型既可以是定量的,也可以是定性的。只采用一种数据分析类型被称为单元分析,采用两种数据分析类型被称为多元分析。

上述的两方面因素构成了混合分析矩阵。①（见表 7-3）

表 7-3　混合研究数据分析矩阵

	分析类型[a]	
数据类型[b]	一种分析类型：单元分析	两种分析类型：多元分析
一种数据类型： 单元数据	单元格 1 单元数据-单元分析 不是混合数据分析的类型	单元格 2 单元数据-多元分析 (a)针对定量数据：定量分析及对定量数据的定性分析 (b)针对定性数据：定性分析及对定性数据的定量分析
两种数据类型： 多元数据	单元格 3 多元数据-单元分析 这种类型不常使用 对定量数据和定性数据都只有定量分析或对定性数据和定量数据都只有定性分析	单元格 4 多元数据-多元分析 是单元 2 中(a)和(b)的结合

a 一种分析类型：定量分析或定性分析。

b 一种数据类型：定量数据或定性数据。

单元格 1 是用一种数据分析类型对一种数据类型进行的分析，称作单元数据-单元分析。这种分析仅对定量数据进行定量分析，或仅对定性数据进行定性分析。这种分析不是混合数据分析的类型。②

单元格 2 是两种数据分析类型对一种数据类型（定量数据或定性数据）进行的分析，称作单元数据-多元分析。这种分析属于混合数据分析的类型，是对定量

① 伯克·约翰逊、拉里·克里斯滕森：《教育研究：定量、定性和混合方法》，马健生等译，重庆大学出版社 2015 年版，第 503～505 页。

② 伯克·约翰逊、拉里·克里斯滕森：《教育研究：定量、定性和混合方法》，马健生等译，重庆大学出版社 2015 年版，第 504 页。

数据和定性数据同时进行分析。但这个单元格采用的分析应该与数据类型直接匹配,即如果数据类型是定量的,那么混合分析的第一阶段也应是定量的;如果数据类型是定性的,那么混合分析的第一阶段也应是定性的。在接下来的第二阶段,研究者才会将经过初步分析的数据转化成其他的数据类型,即将定量数据转变成定性数据(质化数据),或将定性数据转变成定量数据(量化数据)。①

单元格3是仅用一种数据分析类型对两种数据类型进行的分析,称作多元数据-单元分析。这种分析在研究中并不常见且应该尽量避免使用,因为它是用一种非标准化的分析类型去分析一种数据类型,即仅用定量分析法分析定量数据或仅用定性分析法分析定性数据。②

单元4是用两种分析类型对两种数据类型进行的分析,称作多类型混合分析。这种分析同时使用了定量分析技术和定性分析技术,是混合数据分析的类型。多元数据-多元分析既可以同时进行,也可以有序进行。同时进行时,研究者把对定量数据的定量分析和对定性数据的定性分析结合在一起,然后把源于定量和定性结论的各种解释以适当方式整合为一体的过程中进行元推论。有序进行时,来自定性分析的结论会提示随后进行的定量分析,反之亦然。③

二、混合数据的分析步骤

混合数据的分析需要遵循一定的策略和步骤。在一个特定的教育研究中,研究者可能会涉及以下步骤④:

数据简化:通过一定的分析策略减少定量数据(通过描述统计、探索性因素分析)和定性数据(通过主题分析、备忘录)中的维度。

数据呈现:通过图表等可视化的方式直观地描述定量数据和定性数据,如使用表格、图形、矩阵、清单等。

---

① 伯克·约翰逊、拉里·克里斯滕森:《教育研究:定量、定性和混合方法》,马健生等译,重庆大学出版社2015年版,第504~505页。

② 伯克·约翰逊、拉里·克里斯滕森:《教育研究:定量、定性和混合方法》,马健生等译,重庆大学出版社2015年版,第505页。

③ 伯克·约翰逊、拉里·克里斯滕森:《教育研究:定量、定性和混合方法》,马健生等译,重庆大学出版社2015年版,第504~505页。

④ 伯克·约翰逊、拉里·克里斯滕森:《教育研究:定量、定性和混合方法》,马健生等译,重庆大学出版社2015年版,第506页。

数据转换：在并行策略中，研究者可以将定性数据定量化。例如先为定性数据建立编码和主题，再用定量分析的方式统计它们在文本资料中出现的频率，以便于研究者将定性研究结果与定量研究结果进行比较。此外，研究者也可以将定量数据定性化。例如在对定量数据进行因素分析时，研究者可以构建能与定性数据进行比较的要素和主题。

数据相关：涉及对不同的数据类型建立相互关系或进行交叉分类，如把定性数据转变成分类变量以及用定量变量检验它们的关系。

数据比较：是指将来源于定量和定性数据源或数据分析的研究结论进行比较。

数据整合：是指将定量和定性数据结合到一起，并创造新的或统一的代码、变量或数据集，然后将定量和定性的研究结论整合为一个连贯的整体。

局外人探究：在顺序策略中，第一阶段的定量数据分析可能产生极端的或局外人个案，通过对这些个案进行定性访谈，研究者将能获取他们与量化抽样偏离的原因。

工具开发：在顺序策略中，首先，最初收集的原始定性数据可以将这些具体陈述作为量表的具体题项和主题，使研究者获得同参与者相关的主题和具体陈述；其次，研究者可以将这些具体陈述作为量表的具体题项和主题，基于参与者的观点编制调查工具；最后，研究者可以通过抽样的方式来检验调查工具的有效性。

多层检验：在并行策略中，在同一层面（如学校）实施调查，以便收集关于样本的定量结果，与学校中的特定成员一起收集访谈资料以探究现象。

理论思考与实践应用

1. 如果你要进行推断统计，你会选用置信区间还是显著性检验，还是都用？为什么？

2. 虚无假设和备择假设的区别是什么？

3. 找一篇教育定量研究的期刊文献，然后标注研究者在何处论述了统计显著。当研究者研究结果统计显著时，研究者是否阐述了概率值？他想阐述什么？文献中的任何结果在你检验之后是否发现有不显著的？

4. 在定量研究中，数据分析提供了关于统计显著性和效应值的信息。在定性研究中，你如何才能确定研究的内容是否重要或具有实际意义？

5. 拟定一个教育研究的课题，并写下两个假设的定性研究问题。在此基础上，回答以下问题：

(1) 对上述的研究问题，你会收集什么样的定性数据？

(2) 针对每一个问题及上述列出的数据源，你的定性分析计划是什么？

(3) 你将如何验证自己的研究结论？

第八章 教育研究报告的撰写

内容提要

本章主要分为三部分,分别从研究报告的结构和撰写要求两个维度介绍了教育定量研究报告、教育定性研究报告、教育混合研究报告的撰写方式。

层次结构图

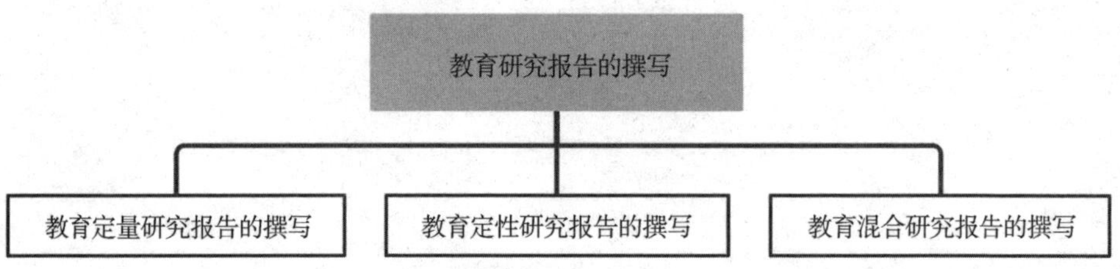

学习指导

1. 记忆不同类型研究报告的结构。
2. 理解不同类型研究报告的撰写要求。
3. 创造性运用所学理论撰写不同类型的研究报告。
4. 批判性分析和评价阅读的研究报告的撰写质量。

在教育研究的最后阶段，研究者将准备撰写研究报告，并交给期刊发表或学位委员会审查。研究报告是教育研究者遵循一定的格式和规范，以学术传播和交流为目的，对整个教育研究过程及结果进行描述和分析的表述。研究报告撰写方式的差异取决于研究者开展研究的路径不同。定量研究聚焦于假设检验并以实验研究为主。而定性研究常更具探索性，结合历史研究、个案研究等不同方法。混合研究则兼具二者的特点。不同的目标的方法导致研究报告的撰写方法也会不同。

第一节　教育定量研究报告的撰写

定量研究的主要特点是认为存在客观现实，客观现实可以被分解为可测量的变量，运用数学和统计的方法研究和分析样本特征进而对总体特征进行推断。定量研究的这些特点影响到教育研究者撰写定量研究报告的方式。

一、教育定量研究报告的结构

大多数定量研究报告在结构组织上是相似的。这是因为研究者一般遵循 APA①、MLA② 和 Harvard System③ 中的格式指导原则。这些格式指导原则对定量研究报告的组成部分及其呈现的顺序做出了规定。定量研究报告主要有七个主要部分：标题、摘要、导言、方法、结果、讨论和参考文献。

1. 标题

定量研究报告的标题应符合以下要求：第一，明确揭示定量研究的研究对象、研究内容，涉及的变量及变量间的关系；第二，有时会涉及研究所检验的理论和所预测的结果等；第三，定量研究的标题应简洁，英文长度不应超过 12 个单词，中文

① APA 是 American Psychological Association 的缩写，该格式是国际心理学、教育学、社会科学学术杂志主流使用的学术论文写作和投稿规范。

② MLA 是 Modern Language Association 的缩写，该格式是一种论文写作常用的引用格式。

③ Harvard System 是哈佛大学的论文参考文献标准，起源于美国，但在英国和澳大利亚等国家运用较多，尤其是在自然科学领域。

不应超过20个字。①

2. 摘要

摘要是对研究报告内容的一个简要总结和高度浓缩,便于读者了解全文的要点。定量研究报告的摘要主要包括背景、目的、方法、结果和结论五要素。摘要的撰写要用准确、简洁的语言描述研究的核心内容。

3. 引言

引言主要应包含以下内容:

(1)变量

引言部分应该确定和说明所研究的每一个概念。研究者一般把这些概念称为构念或变量。如果构念是研究设计中的一部分且没有变化,就称为常量。定量研究一般使用“变量”而不是“构念”。变量是构念的定量表达。在撰写定量研究报告时,应仔细研究每一个变量是如何界定和测量的。如果定义不清楚或不存在,或变量的定义与用于测量它们的方法不一致,研究结果的意义就会受到质疑。为此,应考虑以下问题:

研究中的每个变量是否明确规定以及如何界定的?

每个变量的测量与对变量的界定是否一致?

(2)研究目标

研究目标是指要进行某项研究的目的,以及计划要实现的最终结果。研究目标对于整个研究来说非常重要,是研究的核心所在,因为它确定了研究的方向,阐明了研究的目的。

教育研究者在陈述定量研究目标时,首先,应明确研究中所涉及的主要变量;其次,应明确这些变量呈现的时间顺序及测量(观察)方法;最后,应量化变量目的,要么是对变量进行描述(如对调查研究结果的描述),要么是对变量结果进行比较(如对实验组和对照组的变量测量结果的比较)。②

教育研究者在陈述研究目标时应注意几个基本的技巧:

---

① 约翰·W.克雷斯维尔、薇姬·L.查克:《混合方法研究:设计与实施》,游宇等译,重庆大学出版社2017年版,第101页。

② 约翰·W.克雷斯威尔:《研究设计与写作指导:定性、定量与混合研究的路径》,崔延强主译,重庆大学出版社2007年版,第77页。

第一，使用表明研究的主要目的的词语，如"目的""目标"。可以用"这项研究的目的（目标）是（将是）……"作为开头。

第二，指出研究中测试的理论依据等。

第三，确定自变量、因变量及无关变量。

第四，使用表明自变量和因变量之间关系的词。

第五，变量在目标陈述中所遵循的顺序是自变量在前，无关变量和中介变量放在中间，因变量在后。

第六，指出研究所使用的策略的具体类型。

第七，指出研究的参与者（或分析单元）和研究的场所。

第八，为研究中的关键变量下一个操作性定义，如果学术界已有公认的通用的定义也可使用。①

基于上述技巧，一个定量目标陈述的"脚本"如下：

这个_____（实验/调查）的目的在于通过把_____（自变量）和_____（因变量）进行_____（比较/联系），对_____（参与者）在_____（研究场所）的_____（无关变量）进行控制，以验证_____理论。自变量_____一般定义为_____（给出一个一般性定义）。因变量一般定义为_____（给出一个一般性定义）。同时，无关变量与中介变量_____（确定无关变量与中介变量）将在研究中被控制统计。②

（3）研究问题和研究假设

在定量研究中，研究者根据研究问题和研究假设来确定研究目标。研究问题是研究者在研究中要检验或解答的具体问题。研究假设是研究者对变量之间关系的推测。定量研究的问题和研究假设的陈述技巧如下：第一，研究问题或研究假设中变量的使用一般采用三种基本形式，包括描述单一自变量对因变量的影响，描述一个或多个自变量与因变量的关系，描述自变量、因变量、中介变量的变化。第二，定量分析应依据一定的测量理论，并对理论中所包含的问题与假设进

---

① 约翰·W.克雷斯威尔：《研究设计与写作指导：定性、定量与混合研究的路径》，崔延强主译，重庆大学出版社2007年版，第77~78页。

② 约翰·W.克雷斯威尔：《研究设计与写作指导：定性、定量与混合研究的路径》，崔延强主译，重庆大学出版社2007年版，第78页。

行具体说明。第三,对自变量和因变量分别进行测量。[①]

在定量研究中,撰写研究问题和研究假设的基本要求如下:第一,要对每一个研究问题或假设进行陈述。每个问题或假设中涉及的变量,或被分类到各组中用于对照,或被作为自变量和因变量用于测量。第二,在定量研究方案中,问题的排列顺序通常按照这样的模式,首先以描述性的问题开始,然后是含有相关变量或组群比较的推理性问题。第三,定量研究中的假设以备择假设的形式提出,以加强预测结果的恰当性,这些假设也可能用虚无假设的形式来表明因变量组之间没有什么区别和联系。第四,在研究问题和假设中,研究者通常先写自变量,再写因变量。[②]

(4)文献综述

大多数研究报告中都会在文献综述中对与研究相关的一些国内外重要文献进行概括和评析,说明国内外学者在该领域的研究历史、现状及趋势,取得的成绩及存在的局限性,进而阐明本研究的切入点和创新点。如果在某一研究报告中没有对关键文献的分析或遗漏了与研究者研究结果不一致的重要文献,则说明研究者在文献综述部分是粗心大意的或可能存在研究偏见。

大多数教育研究期刊仅给予研究者有限的篇幅来回顾以往的研究,尽管篇幅有限,但也应该讨论5~10个最相关的以往研究。硕士或博士的学位论文通常不受篇幅的限制,可以提供详细的文献评述。在写作文献综述时应考虑下列问题:报告中的文献综述部分是否足够全面?是否包含了与问题有关的研究?

(5)研究者的资格

因为定量研究者要努力做到客观,因此,应结合研究者的信息判断研究者的偏见是否影响了他们的研究结果。为此,应考虑以下问题:结合研究者的工作隶属、价值观、理论定位,他的研究问题、方法和结果是否合适?研究者在描述研究主题时是否显示出了赞成或不赞成的偏见?

4. 方法

研究者需要详细地说明研究方法。对研究方法的详细说明不仅有助于读者

① 约翰·W. 克雷斯威尔:《研究设计与写作指导:定性、定量与混合研究的路径》,崔延强主译,重庆大学出版社2007年版,第87~88页。

② 约翰·W. 克雷斯威尔:《研究设计与写作指导:定性、定量与混合研究的路径》,崔延强主译,重庆大学出版社2007年版,第87~88页。

对研究设计的适当性、实验研究的科学性及研究结果的效度和信度进行评价,还有利于其他研究者用同样的方法开展重复实验。方法部分主要包括以下几个内容①:

(1)被试与抽样程序

被试部分的描述应包括以下信息:

被试的主要人口学特征,如他们的年龄和性别。

选择被试、确定样本大小和反应率的抽样法。

其他相关信息,如被试是如何被分配到实验处理条件中的,被挑选参与研究但没有完成研究的被试数量及原因,合格和淘汰标准,鼓励参与的任何诱因。

抽样程序产生的样本能否代表一个可确定的总体,能否推广到研究者所在的总体?

研究者是否对样本划分了子小组以提高对研究现象的理解?

(2)测量仪器或工具

这部分描述用来收集数据的仪器或工具,并解释使用它们的原因。任何用来提高测量信度和质量的方法都应该被描述。所使用的心理测量和生物计量性质的仪器也应被提及。研究者描述测量仪器或工具时应说明以下问题:

每个测量都适合样本吗?

研究中的测量对预期目的是否足够有效?

研究中的测量对预期目的而言是否足够可靠?

(3)数据的收集和分析

这一部分主要说明数据收集的方法和数据分析的方法。数据收集方法部分主要涉及对要收集的数据类型和变量(如选择这些变量的原因及其与研究问题的关联性)、数据收集的具体方法(如实验法、调查法、观察法等)、数据记录的方式(如数据表格、数据库等)的描述。数据分析方法部分主要涉及对所收集的数据进行分析的方法(如数据分析方法的选择、数据分析流程、统计学分析软件等)和流程的描述。

---

① 伯克·约翰逊、拉里·克里斯滕森:《教育研究:定量、定性和混合方法》,马健生等译,重庆大学出版社2015年版,第522~523页。

(4)研究设计与程序

步骤部分应准确描述研究是如何实施的,这部分包含对研究中实验者和被试行为的逐步描述,包括提供给被试的任何指导、刺激条件,被试所做出的反应,以及所使用的任何控制方法,如随机化或平衡。要重复考虑研究程序是否适当而且表述清晰,因而其他人如果想的话可以重复研究。

5. 结果

结果部分是研究者从客观上对收集到的数据和对数据进行统计分析的结果的总结。此部分应将研究结果以客观事实的形式呈现出来,其内容主要包括:第一,用统计图表和文字对研究中所收集的数据进行初步整理分析和不掺杂任何偏见的客观描述。第二,用逻辑方法或统计方法对数据进行推理分析,得出研究结果。研究者需要描述数据的分析过程、分析方法和分析结果,并说明所有相关结果(包括 α 水平、效应值、置信区间)以及对缺失数据的处理等。①

6. 讨论

讨论部分是研究者从主观上对研究结果的解释和评价,旨在阐明研究结果与研究假设之间的关系。讨论是研究者对研究结果理论和实践意义的主观分析和认识,是研究结果通往理论认识和实践应用的中介,其内容主要包括:第一,从理论上分析和论证研究结果是否支持研究假设;第二,说明研究设计和实施过程中存在的不足,如是否存在偏见、是否存在影响内部效度的因素、是否存在测量工具的不精确等;第三,阐述研究中尚待解决的问题、未来需要进一步研究的方向及研究结果可以在何种程度或范围进行推广等。②

7. 结论

结论是对主要研究成果的总结,反映了研究成果的价值。结论部分主要包括以下几方面内容:对全文研究主要发现的回顾和提炼、研究发现的理论和实践价值、研究的局限性和研究的前景展望。结论体现了作者更深层的认识,是作者从研究的全部材料出发,经过推理、判断、归纳等逻辑分析过程而得到的学术总观

① 伯克·约翰逊、拉里·克里斯滕森:《教育研究:定量、定性和混合方法》,马健生等译,重庆大学出版社 2015 年版,第 523 页。

② 伯克·约翰逊、拉里·克里斯滕森:《教育研究:定量、定性和混合方法》,马健生等译,重庆大学出版社 2015 年版,第 524~526 页。

点。结论应在逻辑上与研究其他各部分保持一致性和连贯性,不能互相矛盾。

8. 参考文献

参考文献部分要按照一定学术规范完整详细地列举研究报告中直接、间接参考或借鉴的其他学者的学术文献的具体来源。参考文献既表明研究者对他人学术研究工作的认可和尊重,也为读者提供了查找相关文献的线索。

9. 其他

研究报告还有其他一些格式规范要求①:

(1)脚注

脚注按照它们在研究报告中出现的顺序,用阿拉伯数字依次编号。大多数的脚注是内容脚注,包含需要补充的材料、详述文中提供的信息或说明版权许可等。只有当内容脚注能加强讨论时,才应该被使用,否则可能造成注意力的分散。

(2)表格

表格是对正文的信息补充。每个表格都应该有一个能清楚解释所包含数据的简短标题。标题和它的编号要在表格顶端左对齐输入。表格中的每行和每列数据应该有一个标注,以尽可能简略地确定每行和每列所包含的数据。表格中列出的数值应该被精确到所需的小数位数,从而表达测量的精确性。表格中缺失的数据可以用破折号表示。下列问题清单可以确保研究者所构建的表格符合《APA格式》的规范:

必须用表格吗?

表格应该以打印版出现,还是可以用在线补充文件的形式来代替?

呈现可比数据的表格之间存在一致性吗?

标题是简短和具有说明性的吗?

每一列都有一个标题吗?

所有缩写词、特殊的斜体、破折号、粗体和特殊的符号都被解释了吗?

注释按照(a)一般注释、(b)特别注释、(c)概率注释的适当顺序排列了吗?

所有的垂直线都已经被消除了吗?

---

① 伯克·约翰逊、拉里·克里斯滕森:《教育研究:定量、定性和混合方法》,马健生等译,重庆大学出版社 2015 年版,第 524~526 页。

所有的表格使用相同的置信水平了吗？所有主要的点估计值有置信区间吗？

对于统计显著性检验而言，是否已经确保了正确的概率水平？

已经给予复制的版权表格完全认可了吗？已经得到复制表格的许可了吗？

文中引用表格了吗？

(3)图形

图形包括统计图、插图等，它能提供整体的结果模式和有效地呈现信息，有助于帮助读者理解文章，但不如表格提供的信息准确。当构建一个图形时，应确保简单、清楚、连续性、有信息价值。只有当图形有助于增强文章表现性，并能以清楚和易于被理解的方式表达基本事实时，才可以使用。

图形题注和图例：每个图形有一个题注和一个图例。题注说明图形内容，并可作为图形的标题，它被置于图形的下方。图例解释了图表中使用的任何标志，它被置于图形内。

图形准备：图形应使用专业的计算机软件生成，使用的分辨率应该足以产生高质量的图像。

下列问题清单可以用来帮助研究者更规范地准备一个图形：

图形是必需的吗？

图形是否以清楚、简单且没有无关细节的形式呈现？

标题描述内容了吗？

图形的所有部分被清楚地标注了吗？

文章中引用的图形是否有附录？

分辨率是否足够高并能确保精确地复制？

二、教育定量研究报告撰写要求

教育定量研究报告在撰写时应遵循以下基本要求[①]：

1. 科学性与创新性相结合

创新性是学术研究的核心，教育研究者要能在研究中提出前人所未能提出的新内容、新观点、新方法、新发现等。创新性应该建立在科学性的基础上，要用翔

① 陈向明：《教育研究方法》，教育科学出版社 2013 年版，第 50~51 页。

实可靠的论据(如调查研究或试验研究中收集的资料和数据)来支持和证明论点,观点的表述要实事求是、准确严谨。因此,研究报告的撰写应坚持科学性与创新性相结合。

2. 论点和论据相结合

撰写研究报告时,要正确处理论点和论据的关系。为了更好地支撑论点,论据的选择应遵循以下要求:第一,选择相关的论据;第二,选择典型的和有说服力的论据;第三,选择真实可靠的材料。

3. 独立思考和借鉴吸收相结合

要妥善处理独立思考和借鉴吸收他人研究成果之间的关系。既要借鉴和吸收其他学者的研究成果,又要在此基础上进行批判性的分析和独立思考。

4. 格式的规范性和语言的准确性相结合

在格式上,研究报告要遵守特定的学术行文规范和标准。在语言上,定量研究报告的文字要准确、鲜明。准确是指行文要使用恰当的科学术语忠实客观地反映教育现象,不能滥用日常生活用语和容易造成歧义的词语。鲜明是指论点和论据的陈述要清楚明白。

第二节　教育定性研究报告的撰写

许多研究者认为,定性研究报告没有标准格式。多样性风格一度在定性研究中十分流行。许多定性研究者在研究报告中使用许多非传统的、富有创造力的表达方式,如故事、诗歌、随笔、绘画、照片等。但也有许多研究者认为,定性类期刊文章的特定结构有助于让读者知道应该期待什么样的信息、了解信息的位置、对单独的定性研究报告进行比较。因此,在撰写定性研究报告时,在写作的创造性目标和结构性目标之间寻找一个适当的平衡,使之适合研究者自身的需要和传播定性研究途径(期刊、学位论文等)的需要,就显得十分必要。

一、教育定性研究报告的结构

定量研究的7个组成部分也可以很有效地在定性研究报告中使用。绝大多数有关这7个部分的规范要求也同样适用于定性研究报告,对于重复的观点我们在这里就不再赘述。我们仅对与撰写定性研究报告的这7个部分相关的一些重要问题进行一些强调和说明。

1. 标题

定性研究报告的题目应符合以下要求:第一,高度概括论文内容,要明确地反映研究的主要现象(或概念)、参与者、进行研究的主要情境和地点、使用的定性方法等;第二,文字表述既可以使用准确、简洁的科学化语言,也可以使用隐喻、类比等文学化语言;第三,方便分类,使读者从题目上就能判断研究所属的学科范畴等。①

2. 摘要

摘要是对研究报告的主要内容和结构的高度概括,应简洁地叙述研究背景、目的或意义、概括介绍主要的研究内容、研究方法和研究结果等。

3. 引言

引言部分主要描述研究目标、文献综述、研究问题等。

(1)研究目标

与定量研究报告不同的是,定性研究报告通常不涉及对演绎假设(即根据之前的文献和理论得出的有关变量间关系的假设性预测)的证实或证伪,而是更侧重解释推理。

定性研究的目的陈述应包含定性研究的要素。为此,研究者在进行研究目标的陈述时应掌握几个基本的技巧:第一,使用"目标""意图""对象"等措辞表明研究的核心。第二,聚焦于探讨所研究的一个单独现象、概念或观点。第三,使用动词来表明研究将产生什么样的认识。如"描述""理解""发现"等。第四,使用中性语言。例如使用"学业表现"而不是"良好的学业表现"。第五,使用工作性定

---

① 约翰·W. 克雷斯维尔、薇姬·L. 查克:《混合方法研究:设计与实施》,游宇等译,重庆大学出版社2017年版,第101页。

义对所研究的主要现象和中心观点进行界定。例如对……(主要现象)将被暂时定义为……第六,使用能表明收集和分析数据的研究策略的名词。如个案研究、现象学研究等。第七,说明研究场景。如教室、组织、事件等。[①]

基于上述技巧,定性研究报告中目标陈述的“脚本”如下:

这项________(研究策略,如民族志、个案研究或其他类型)研究的目的(将)是对位于________(研究地点)的________(参与者,如个人、团体、组织)的________(将要被研究的主要现象)进行________(理解、描述、形成、揭示)。在这一研究阶段,________(将要被研究的主要现象)将被暂时定义为________(给出一个大体的定义)。[②]

(2)文献综述

与定量研究报告相似,通过对有关文献的回顾,概括分析国内外在这一方面的研究历史、现状、趋势及问题,说明选题的依据和意义等。

(3)研究问题

在定性研究中,研究者需要陈述的是研究问题而不是研究假设。定性的研究问题是定性研究目的陈述的集中化和具体化。[③] 这些研究问题主要包括 1 个中心问题和 5~7 个辅助问题。中心问题是研究中最核心和最重要的问题。辅助问题是围绕中心展开的基本问题。

定性研究中撰写研究问题的主要技巧:第一,提出一个中心问题和若干个辅助问题。这样可以帮助研究者缩小研究范围,并使这些问题成为访谈、观察等过程中需要深入讨论的主题。第二,将中心问题与具体的定性研究策略相结合。如在民族志研究中,问题被分为不同类型,如迷你旅行、经验、少数民族语言、对比及实证问题。在现象学研究中,研究问题可能在一个比较宽泛的层面上展开,而没有现成文献可利用。在扎根理论中,研究问题可能与数据分析程序有关,如开放型编码(教育的教师与学生之间呈现的互动是什么类型?)或主轴编码(教育的教

① 约翰·W.克雷斯威尔:《研究设计与写作指导:定性、定量与混合研究的路径》,崔延强主译,重庆大学出版社 2007 年版,第 71~73 页。

② 约翰·W.克雷斯威尔:《研究设计与写作指导:定性、定量与混合研究的路径》,崔延强主译,重庆大学出版社 2007 年版,第 73 页。

③ 约翰·W.克雷斯威尔:《研究设计与写作指导:定性、定量与混合研究的路径》,崔延强主译,重庆大学出版社 2007 年版,第 112 页。

师与学生的行为是如何相关?)第三,用“是什么“和“怎么样”等开放性的方式来提出研究问题。第四,聚焦于单个的现象或概念。第五,使用“探索性”动词来呈现研究设计的语言风格。如,本研究将:发现(如扎根理论研究)、寻求理解(如民族志研究)、探究一种方法(如个案研究)、描述经验(如现象学研究)等。第五,使用非定向语言,不使用会被误认为是定量研究的表达方式,如“作用”“影响”“效果”“决定因素”“原因”“相关”等。第六,尽量使用没有参考文献或理论的开放性问题。第七,保持研究的问题在研究期间的发展变化与定性研究的假设风格一致。由于定性研究中研究的问题都是在不断地检视和重构之中(如扎根理论),所以问题并非始终保持不变的状态。第八,如果目标陈述的信息并不冗长,则对研究的场所和参与者予以具体表述。①

例:一个个案研究的中心问题

如果研究者想在一项多个案研究中,对在一所中西部研究型大学里那些主修教育专业研究生课程的女生,在停学一段时间后重返学校的经历进行描述。研究的目的是想获取这些女生的经历资料,提供给女权主义者和女权主义研究者。研究者对此研究可以提出如下中心问题:

主修教育学专业的女研究生怎样讲述她们重返学校的决定?

返回研究生院后的学习怎样改变了她们的生活?

如果对某中学的校园暴力事件进行定性研究,研究者可对研究问题陈述如下:

发生了什么事件?(中心问题)

谁参与了校园暴力事件?(辅助问题)

学校如何应对这个校园暴力事件?(辅助问题)

本案例在研究发现方面做出了哪些独特的贡献?(辅助问题)

4. 方法

方法部分应包含以下信息②:

---

① 约翰·W.克雷斯威尔:《研究设计与写作指导:定性、定量与混合研究的路径》,崔延强主译,重庆大学出版社2007年版,第85~86页。

② 约翰·W.克雷斯威尔:《研究设计与写作指导:定性、定量与混合研究的路径》,崔延强主译,重庆大学出版社2007年版,第85~86页。

研究是如何展开的？在哪里展开的？和谁展开的？为什么要这样设计研究？数据是如何收集和分析的？实施什么样的步骤来确保论点和结论的有效性？

抽样程序是否导致了特别引人注意的个案？从哪个个案中研究者了解了许多感兴趣的情况？

研究者使用的数据收集方法对研究者想要探索的现象而言是否适当？

数据收集有足够的深度吗？

收集数据的方式能否确保反映参与者的本位视角？

为了检验他们的研究结果的可靠性，研究者以三角互证的方法检验他们的数据源和数据收集方法了吗？

研究程序是否适当而且表述清晰，因而其他人如果想的话可以进行重复研究？

5. 结果

结果部分是定性研究报告中最重要的部分。在结果部分，研究者应该运用充足的、可靠的论据来支持论点。为了使结果部分更具有说服力，研究者一般采用两种策略：第一个策略是在描述和解释之间保持合理的平衡。研究者既不能只进行大量细节的描述，而较少进行解释说明，也不能只进行解释说明，而缺乏足够的描述性细节的论据支撑。第二个策略是通过引用访谈记录、田野笔记或其他数据中的部分内容，使读者能间接体验被试的感受或接近报告中描述的真实情境。①

定性报告的结果部分在结构上与定量研究报告不同。定性报告的结果部分一般根据定性研究的类型和数据分析的结果，由一系列副标题组织成不同的结构。例如定性研究结果部分的结构的组织可能会基于：在研究中得到检验的研究问题或研究议题、适用于研究数据的基于文献的先验概念图示、在数据分析过程中发展而来的类型学、数据中发现的关键主题、基于从研究数据中产生的扎根理论而得出的概念图示等。②

6. 讨论或结论

在此部分，定性研究者应说明全部的结论，并提供补充解释。研究者也应确

---

① 伯克·约翰逊、拉里·克里斯滕森：《教育研究：定量、定性和混合方法》，马健生等译，重庆大学出版社2015年版，第536~537页。

② 伯克·约翰逊、拉里·克里斯滕森：《教育研究：定量、定性和混合方法》，马健生等译，重庆大学出版社2015年版，第537页。

定结果是否与相关的特定主题或已出版的研究文献的结果相一致。虽然研究是探索性的,但使结论适用于讨论部分的相关研究文献是重要的。它有助于为深入研究提供建议。

为了更好地撰写讨论部分,定性研究者应考虑以下问题:

研究者是否反思了自己的价值观和观点以及可能会怎样影响研究结果,或是否采取了措施最大限度减少这些影响?

有多个证据源支持研究者的结论吗?

研究者是否为研究结果提供了合理的解释?

研究结果的可推广性足够吗?

研究者从研究结果中总结出了对于实践的合理意义了吗?①

7. 参考文献

国际上通用的是 APA、MLA、CMS(The Chicago Manual of Style)等参考文献格式。国内会依据期刊、学位论文、著作所属机构的要求不同而有所差异。

二、教育定性研究报告的撰写要求

教育定性研究报告的撰写应遵循以下基本要求:②

第一,使用第一人称("我""我们"而不是"研究者")和主动语态("我采访了教师"而不是"教师被研究者采访了")。定性研究者认为这种风格使他们处于自己的研究中,并对他们在研究中所起的积极作用负责任。

第二,使用化名。由于定性研究的被试参与人数较少,在这些被试身上可以获得较为深入的信息,研究者必须确保被试的个人隐私不被泄露。为此,可以采取给参与研究的个人、学校、城市等起一个化名的策略,以使其难以被识别。这些伦理问题在定性研究中尤为重要。

第三,使用引文和解释相结合的叙述方式。在定性研究报告中,研究者不仅需要引用大量关于被试的访谈记录,或把对被试的观察记录等数据作为论据,还

① 伯克・约翰逊、拉里・克里斯滕森:《教育研究:定量、定性和混合方法》,马健生等译,重庆大学出版社 2015 年版,第 537~538 页。

② 伯克・约翰逊、拉里・克里斯滕森:《教育研究:定量、定性和混合方法》,马健生等译,重庆大学出版社 2015 年版,第 535 页。

需要在基于个体经验对这些数据进行分析解释的基础上提出论点,要做到引文和解释、论据和论点的有机统一。

第三节　教育混合研究报告的撰写

教育混合研究报告的撰写是独特的,不同于传统地运用单一研究范式的研究报告的撰写方式。

一、教育混合研究报告的结构

1. 通用结构

一种方式是围绕之前讨论的 APA、MLA、CMS 等报告中相同的 7 个通用部分来组织研究报告的结构。基于这个结构,混合报告的不同主要是需要在一个或多个部分中组织定量和定性部分,并按照适合读者的方式进行。例如一种有效的结构风格是通过研究问题将导言、方法、结果、讨论组织起来,并告诉读者,每一个研究问题代表了什么样的定量、定性和混合观点,从而适应报告每个主要部分的需要。

2. 通过研究范式来组织的结构

另一种方式是通过研究范式(定性、定量、混合)来组织一些部分。研究者可以分别为定量和定性研究阶段撰写报告。但是更多时候是将这两个阶段的研究结果整合在一份报告中。整合时可以采用两种形式,其一是在一份报告的不同部分中呈现两种范式得出的结果及其解释;其二就是在同一部分中呈现充分整合后的研究结果和解释。

在顺序研究中,混合研究一般按照先收集和分析定量数据,再收集和分析定性数据的顺序来组织研究报告的结构,在研究的结论或分析解释阶段,研究者提出定性研究结果是如何拓展了定量研究结果。混合研究也可以采用截然相反的顺序组织研究报告的结构。无论采用哪种顺序组织结构,混合研究报告的撰写都会把定量研究和定性研究分为两个阶段并给每个阶段单独设定标题。①

在并行研究中,研究者收集的定量数据和定性数据首先分别出现在各自独立的部分,然后在数据的分析和解释以及研究结果部分,这两类数据将得到整合。这种混合研究的结构在定量和定性研究阶段并无明显的界限。②

在转换研究中,研究者首先在研究的开始部分提出自己的观点,然后再选择顺序法或并行法组织研究内容。在研究的结尾部分,研究者会提出改革的建议或对策,作为研究的结果。③

总之,无论采用哪种整合方式,混合研究报告具有与大多数单一方法研究报告相同的特点,包括文献综述、方法、结果与讨论。混合研究报告具有代表性的一点是,结果部分是整个报告中最长的部分,因为它包括定量和定性两方面的研究结果。一份好的研究报告将对混合研究过程中的 8 个阶段进行充分描述。研究是在以定量阶段为主导时,混合研究者也应该将这个报告内容与研究情境紧密结合。因此,混合研究者就需要了解混合研究的情境。情境化不仅能够帮助研究者明确定量与定性研究结果之间的关联,还能够帮助读者了解研究结果是在何种程度上进行概括的。同时,在可能的情况下,混合研究报告应该是一个整体,这个整体要包括所有部分的内容,而且要充分描述。

3. 混合研究的问题和假设

在混合研究中,研究者侧重研究目标陈述,而不是明确研究问题。因此,缺乏一个完整的模型作为写作指南,但仍能归纳出以下特征:

第一,混合研究应包括定性的和定量的研究问题和假设,并聚焦于目标陈述。第二,混合研究中的问题和假设的提出,需要包含定性和定量方法里的问题和假设的可取之处。第三,在一个连续的有两个阶段的研究计划里,尤其是第二个阶段的研究需要以第一个阶段的研究为基础的情况下,研究者很难用提出计划或制定方案来确定第二个阶段的研究问题。等到研究者完成整个研究,他才能在结题

---

① 约翰 · W. 克雷斯威尔:《研究设计与写作指导:定性、定量与混合研究的路径》,崔延强主译,重庆大学出版社 2007 年版,第 175 页。

② 约翰 · W. 克雷斯威尔:《研究设计与写作指导:定性、定量与混合研究的路径》,崔延强主译,重庆大学出版社 2007 年版,第 175 页。

③ 约翰 · W. 克雷斯威尔:《研究设计与写作指导:定性、定量与混合研究的路径》,崔延强主译,重庆大学出版社 2007 年版,第 175 页。

报告里说明两个阶段分别要研究的问题。然而,在一个单独的研究计划里,研究者有可能确定研究方案里的定性、定量研究问题,因为这组问题的设计不一定与另一组的问题有关。第四,应该注意研究问题或假设的顺序问题。在有两个研究阶段的研究计划里,两个研究阶段所提出的问题要有先后顺序性,以便读者能够在研究计划中看到问题的顺序。然而,在单阶段的研究方案里,问题的顺序可以由研究设计所用方法的重要性来决定。第五,在连续的混合研究里,每个阶段开始提出的研究问题是有阶段性变化的。如果研究是以定量研究开始,研究者可能会提出假设。当到了定性研究阶段时,定性研究的问题就会随之出现。①

例:混合研究里的假设和研究问题

研究者以一个两阶段研究为例来说明每个阶段里的研究问题和假设。他的课题研究了不同类型高校在大学一二年级的教学策略在他们对待教育专业课的态度上,以及他们的专业课成绩上存在的差异。研究的第一阶段,研究者对学生对待专业课的态度用量表进行了前测和后测,并用考试成绩来表示他们所取得的学术成就。随后,研究者根据以上所得的定量研究结果来进行第二阶段的定性研究:采访该学科的学生、任课教师、学院院长等。该阶段的研究结果有助于解释第一阶段定量研究所得出的两种不同知识教授策略所取得的教学成果之间的差异性和相似性。

在第一阶段的定量研究中,研究者提出了以下假设来引导其研究:

假设一:假定在这两种知识教学策略类型不同的大学里,学生对待教育专业课的态度没有显著的差异。

假设二:假定在这两种不同类型的大学里,学生的专业课成绩没有显著的差异。

在第二阶段的定性研究中,研究者就成绩测验结果提出问题并对学生、任课教师、学院院长等进行了访谈,以证实定量研究的结果。

问题一:这两个教学方法不同的大学,在教学方法的转变上有什么不同?

问题二:这种转变在先前怎样影响学生对待专业课的态度以及他们的学业成绩的?

---

① 约翰·W.克雷斯威尔:《研究设计与写作指导:定性、定量与混合研究的路径》,崔延强主译,重庆大学出版社2007年版,第91~92页。

问题三:老师们对这种变化的看法如何?

二、教育混合研究报告的撰写要求

在撰写报告的过程中,混合研究者应该总是意识到有四个必须解决的潜在问题①:

第一个问题源于定量研究报告和定性研究报告在写作风格上的差异。定量研究报告一直以来都是相对客观和正式的,而定性报告更倾向于主观的和非正式的。因此,混合研究者所面临的挑战就是在不影响报告中定量和定性部分整体性的前提下,使这两种写作形式达成一种平衡。

第二个问题源于报告的读者可能并不非常精通定量、定性和混合研究技术。因此,混合研究者不应该理所当然地认为读者可以理解那些专业化的定量、定性或是混合研究术语,而应该以读者能够理解的方式对每个研究术语进行定义。研究者应该为那些想要对相关概念进一步理解的读者提供有用的参考文献。

第三个问题源于混合研究报告的长度问题。由于混合研究包括两个或是更多的研究组成部分和阶段,所以研究报告的长度一般会长于单一方法研究报告。当混合研究者想要发表其研究报告时,长度问题就会成为一个挑战,因为大多数期刊都有严格的字数和页数限制。为此,混合研究者可以采取以下三个策略:策略一是研究者可以选择将混合研究报告发表于在线期刊上,这些期刊通常在页数要求方面更为灵活;策略二是研究者可以将报告以著作等形式发表;策略三是研究者可以将研究的不同阶段分别发表,尤其是如果该项研究是一个历时较长的顺序型研究时。

第四个问题源于混合研究仍然是一个新兴领域。虽然混合研究现在似乎已被大多数人所接受,并被视为第三种研究范式,但是也有一些研究者仍然对混合研究报告带有偏见。这些对混合研究怀有偏见的杂志编辑和审稿员有可能不顾文章质量,只是因为其不同的研究范式而拒绝刊发这些稿件。令人鼓舞的是,已有越来越多的期刊会定期发表混合研究的文章,而且一些有关混合研究的专门期刊也正在增加。

---

① 伯克·约翰逊、拉里·克里斯滕森:《教育研究:定量、定性和混合方法》,马健生等译,重庆大学出版社 2015 年版,第 412~413 页。

理论思考与实践应用

1. 描述如何组织一份典型的定量研究报告。

2. 描述定量研究中研究设计部分、结果部分、讨论部分所包含的信息类型。

3. 使用 CNKI 或 ERIC 进行文献检索，找到一篇有关教育的定性研究文章，阅读该文章，并回答以下问题。

(1) 文章的各个部分是什么？

(2) 作者在每个部分试图完成什么任务？

(3) 作者使用了什么证据来支持结论或解释？

(4) 定性研究报告的格式和风格与定量研究报告有什么不同？

4. 结合自己的教育选题设计一个混合研究，并描述撰写研究报告的各个部分。

参考文献

[1] 袁振国. 教育研究方法[M]. 北京:高等教育出版社,2000.
[2] 陈向明. 教师如何作质的研究[M]. 北京:教育科学出版社,2001.
[3] 潘慧玲. 教育研究的取径:概念与应用[M]. 上海:华东师范大学出版社,2005.
[4] 马云鹏,孔凡哲. 教育研究方法[M]. 长春:东北师范大学出版社,2006.
[5] 刘志军. 教育研究方法基础[M]. 北京:人民教育出版社,2006.
[6] 刘良华. 教育研究方法:专题与案例[M]. 上海:华东师范大学出版社,2007.
[7] 杨小微. 教育研究的理论与方法[M]. 北京:北京师范大学出版社,2008.
[8] 罗伯特·C. 波格丹,萨莉·诺普·比克伦. 教育研究方法:定性研究的视角[M]. 钟周,李越,赵琳,等译. 北京:中国人民大学出版社,2008.
[9] 乔伊斯·P. 高尔,M. D. 高尔,沃尔特·R. 博格. 教育研究方法实用指南[M]. 屈书杰,郭书彩,胡秀国,译. 北京:北京大学出版社,2009.
[10] 艾尔·巴比. 社会研究方法[M]. 邱泽奇,译. 北京:华夏出版社,2009.
[11] 陈向明. 教育研究方法[M]. 北京:教育科学出版社,2013.
[12] 梅雷迪斯·D. 高尔,沃尔特·R. 博格,乔伊斯·P. 高尔. 教育研究方法导论[M]. 许庆豫,等译. 南京:江苏教育出版社,2013.
[13] 叶澜. 教育研究方法论初探[M]. 上海:上海教育出版社,2014.
[14] 和学新,徐文彬. 教育研究方法[M]. 北京:教育科学出版社,2015.
[15] 朱丽叶·M. 科宾,安塞尔姆·L. 施特劳斯. 质性研究的基础:形成扎根理论的程序与方法[M]. 朱光明,译. 重庆:重庆大学出版社,2015.
[16] 伯克·约翰逊,拉里·克里斯滕森. 教育研究:定量、定性和混合方法[M]. 马健生,等译. 重庆:重庆大学出版社,2015.
[17] 刘易斯·科恩,劳伦斯·马尼恩,基思·莫里森. 教育研究方法[M]. 程亮,

宋萑,沈丽萍,等译.上海:华东师范大学出版社,2015.

[18] 约翰·W.克雷斯威尔.混合方法研究导论[M].李敏谊,译.上海:格致出版社,2015.

[19] 罗伯特·K.殷.案例研究:设计与方法[M].周海涛,李永贤,李虔,译.重庆:重庆大学出版社,2010.

[20] 约翰·W.克雷斯威尔.研究设计与写作指导:定性、定量与混合研究的路径[M].崔延强,主译.重庆:重庆大学出版社,2007.

[21] 陈时见.教育研究方法[M].北京:高等教育出版社,2016.

[22] 邵光华.教育研究方法[M].北京:高等教育出版社,2016.

[23] 齐梅.教育研究方法[M].北京:北京师范大学出版社,2017.

[24] 约翰·W.克雷斯维尔,薇姬·L.查克.混合方法研究:设计与实施[M].游宇,陈福平,译.重庆:重庆大学出版社,2017.

[25] 侯怀银.教育研究方法[M].北京:高等教育出版社,2018.

[26] 胡中锋.教育科学研究方法[M].北京:中国人民大学出版社,2018.

[27] 何兰芝,姜国俊.教育研究方法[M].上海:同济大学出版社,2020.